The total or partial reproduction of this work, its incorporation into a computer system, or its transmission in any form or by any means (electronic, mechanical, photocopying, recording, or others) without prior written authorization from the copyright holders is not permitted. Infringement of these rights may constitute an offense against intellectual property.

© 2024, Alexandra Moreira Nantes

# CROSS STITCH
# FLOWERS

**MORE THAN 25 PATTERNS FLOWERS**
**MORE THAN 30 PATTERNS FLORAL BORDERS**

---

# PUNTO DE CRUZ
# FLORES

**MÁS DE 25 PATRONES DE FLORES**
**MÁS DE 30 PATRONES DE BORDES FLORALES**

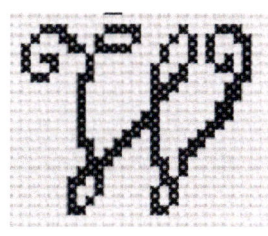

# Welcome!

Welcome to the embroidered garden of your dreams! ♣✨ This **cross-stitch book** is filled with **flower patterns** that will make your creativity bloom with every stitch. From delicate daisies to elegant roses, each design allows you to create stunning works of art on fabric.

The best part? It also includes beautiful **floral borders**. These details are perfect for adding a unique touch to your projects, with decorative edges full of color and style. ⚘✿

This book is designed for both beginners and experienced stitchers. The instructions are easy to follow, and the patterns are versatile, allowing you to personalize them with your preferred colors and style. Whether you enjoy soft tones or vibrant hues, you'll find inspiration for every project here.

With these **floral embroidery designs**, you can embellish pillows, towels, artwork, and much more, creating pieces that never go out of style. ♣✨ Each stitch is like planting a flower that will never wilt.

Ready to turn your fabric into a garden full of life and color? This book will guide you through every step, ensuring your needle and threads become tools of pure creative magic. Time to start stitching!


# ¡Bienvenido!

¡Bienvenidos al jardín bordado de tus sueños! ♣✨ Este **libro de punto de cruz** está lleno de **patrones de flores** que harán florecer tu creatividad con cada puntada. Desde delicadas margaritas hasta elegantes rosas, cada diseño te permitirá crear obras de arte en tela.

¿Lo mejor? También incluye hermosas **cenefas florales**. Estos detalles son perfectos para darle un toque único a tus proyectos, añadiendo bordes decorativos llenos de color y estilo. ⚘✿

Este libro está diseñado tanto para principiantes como para bordadores experimentados. Las instrucciones son claras y los patrones variados, para que puedas personalizarlos según tus preferencias de colores y estilo. Ya sea que prefieras tonos suaves o vibrantes, aquí encontrarás inspiración para cada proyecto.

Con estos **bordados florales**, podrás embellecer cojines, toallas, cuadros y mucho más, creando piezas que nunca pasarán de moda. ♣✨ Cada puntada será como plantar una nueva flor que nunca se marchitará.

¿Listo para transformar tu tela en un jardín lleno de vida y color? Este libro te guiará en cada paso, asegurando que tu aguja y tus hilos se conviertan en herramientas de pura magia creativa. ¡A bordar!

# Glossary / Glosario

| English | Español |
|---|---|
| Design size | Tamaño del diseño |
| Puntadas | Puntadas |
| Floss list for crosses | Lista de hilos |
| Use 2 Strands of thread for cross stitch | Usa 2 hilos de hilo para punto de cruz |
| Symbol | Simbolo |
| Number | Número |
| Name | Nombre |

# Material to use / Material a utilizar

Thread DMC / Hilo DMC

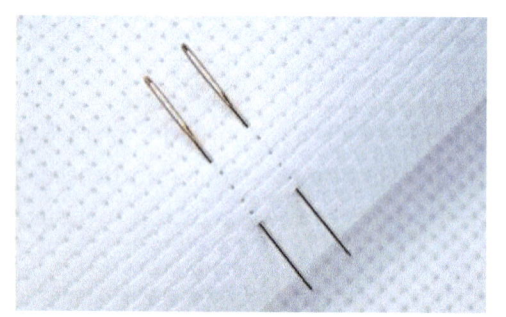

Needles / agujas

Scissors / Tijeras

Hoop / Aro

Fabric / Tela

# Stitching Nature: Easy Floral Patterns in Cross-Stitch

# Bordando Naturaleza: Patrones Florales Fáciles en Punto de Cruz

Design size: 60 x 124 stitches

Use 2 strands of thread for cross stitch

| N | Symbol | | Number | Name | Stitches |
|---|---|---|---|---|---|
| 1 | & | & | DMC B5200 | Snow White | 316 |
| 2 | ✳ | ✳ | DMC 11 | Tender Green - Light | 131 |
| 3 | ¬ | ¬ | DMC 519 | Sky Blue | 122 |
| 4 | 4 | 4 | DMC 720 | Orange Spice - Dark | 264 |
| 5 | ? | ? | DMC 902 | Garnet - Very Dark | 22 |
| 6 | > | > | DMC 907 | Parrot Green - Light | 1128 |
| 7 | ~ | ~ | DMC 937 | Avocado Green - Medium | 426 |
| 8 | ✸ | ✸ | DMC 3688 | Mauve - Medium | 145 |
| 9 | L | L | DMC 3689 | Mauve - Light | 153 |
| 10 | ⁝ | ⁝ | DMC 3810 | Turquoise - Dark | 174 |
| 11 | ▶ | ▶ | DMC 3842 | Wedgwood - Very Dark | 335 |
| 12 | ⋈ | ⋈ | DMC 3852 | Straw - Very Dark | 315 |
| 13 | O | O | DMC 3855 | Autumn Gold - Light | 146 |

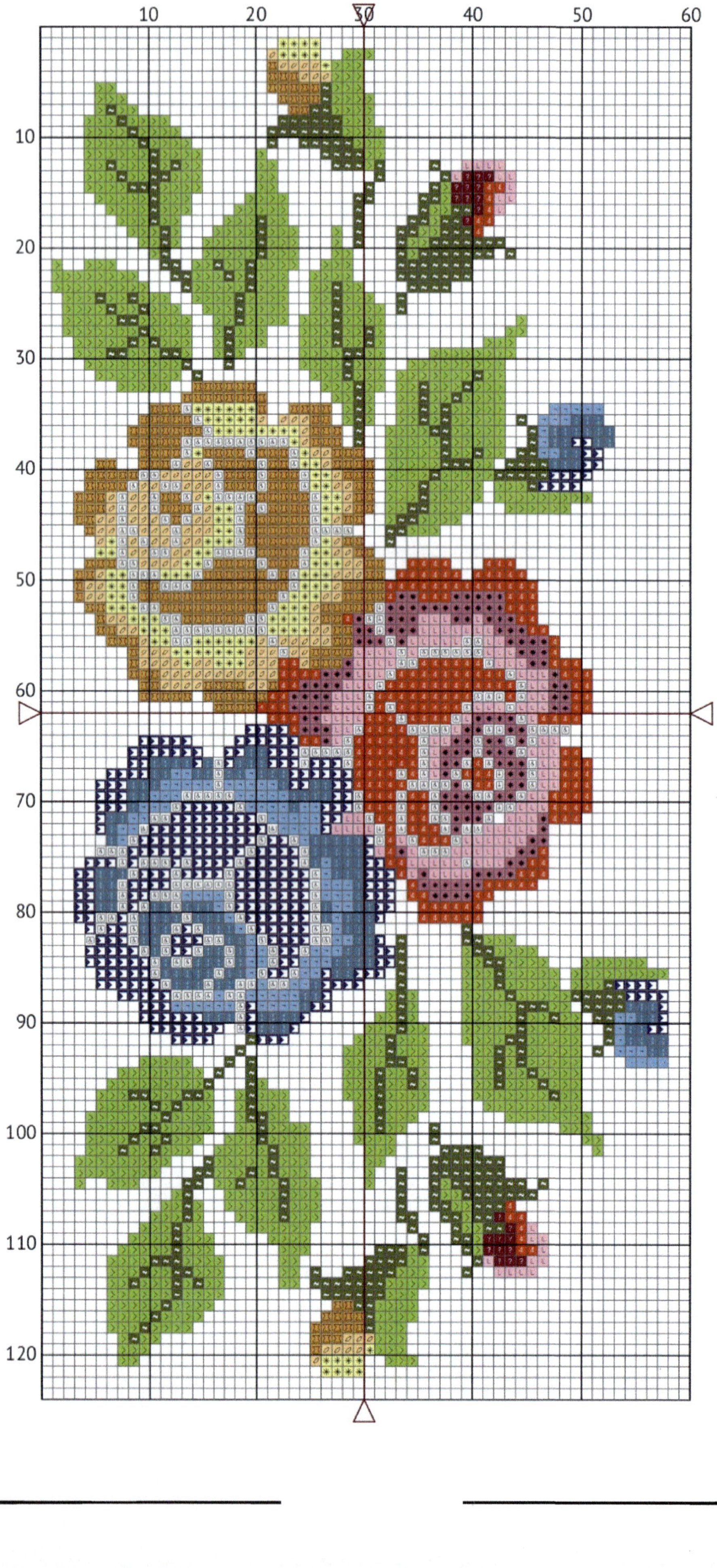
10
20
30
40
50
60
70
80
90
100
110
120

Design size: 165 x 125 stitches

Use 2 strands of thread for cross stitch

| N | Symbol | | Number | Name | Stitches |
|---|---|---|---|---|---|
| 1 | ✛ | ✛ | DMC 158 | Cornflower Blue - Medium Very Dark | 286 |
| 2 | = | = | DMC 162 | Blue - Ultra Very Light | 166 |
| 3 | ⁒ | ⁒ | DMC 209 | Lavender - Dark | 584 |
| 4 | ( | ( | DMC 211 | Lavender - Light | 224 |
| 5 | ⌐ | ⌐ | DMC 444 | Lemon - Dark | 412 |
| 6 | < | < | DMC 445 | Lemon - Light | 296 |
| 7 | # | # | DMC 550 | Violet - Very Dark | 90 |
| 8 | ○ | ○ | DMC 552 | Violet - Medium | 392 |
| 9 | m | m | DMC 580 | Moss Green - Dark | 352 |
| 10 | ○ | ○ | DMC 581 | Moss Green | 304 |
| 11 | ◊ | ◊ | DMC 832 | Golden Olive | 176 |
| 12 | ∠ | ∠ | DMC 895 | Hunter Green - Very Dark | 1116 |
| 13 | 7 | 7 | DMC 972 | Canary - Deep | 1180 |
| 14 | ■ | ■ | DMC 3760 | Wedgwood - Medium | 196 |
| 15 | ☆ | ☆ | DMC 3766 | Peacock Blue - Light | 642 |
| 16 | × | × | DMC 3853 | Autumn Gold - Dark | 620 |

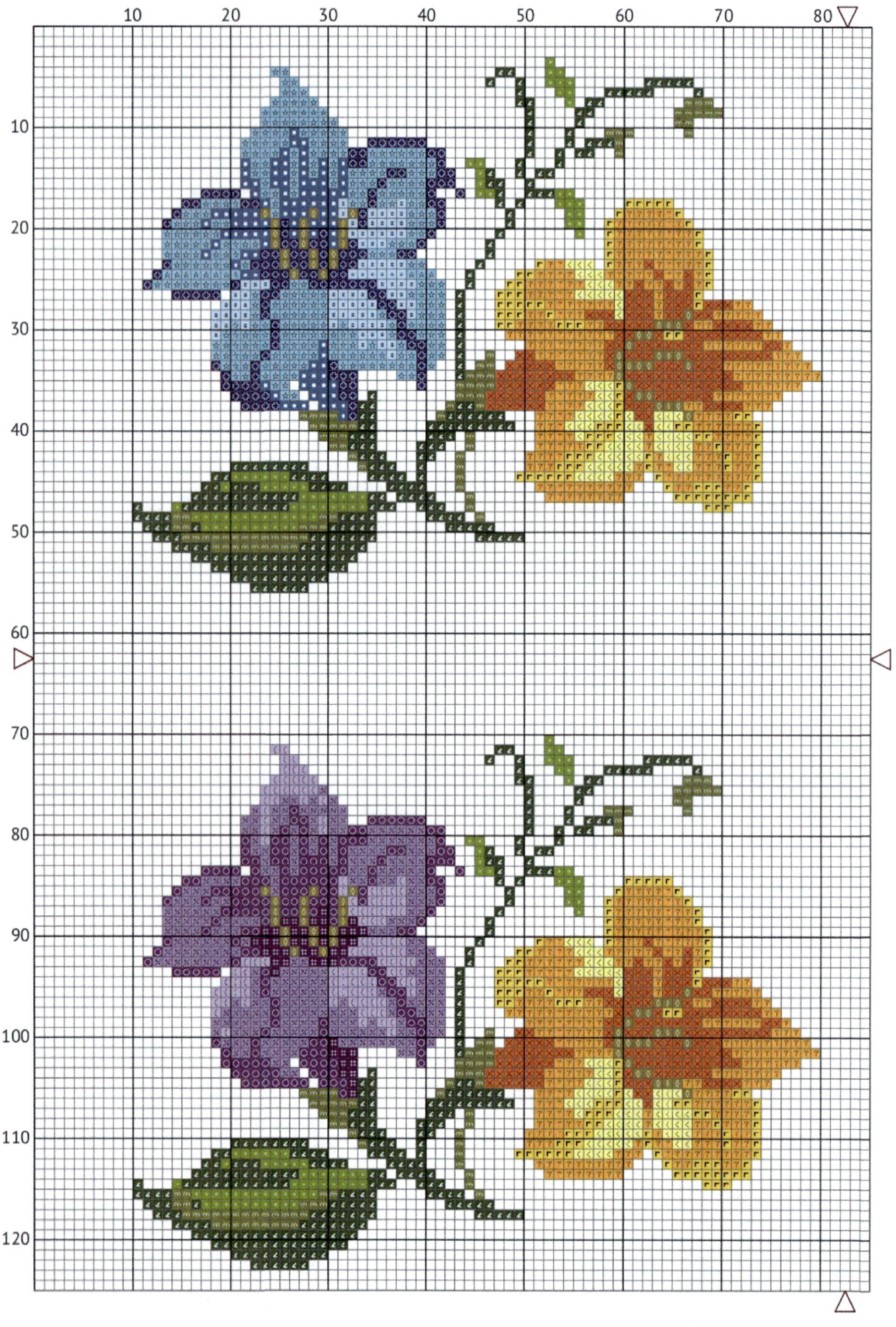
10 20 30 40 50 60 70 80
10 20 30 40 50 60 70 80 90 100 110 120

90
100
110
120
130
140
150
160
10
20
30
40
50
60
70
80
90
100
110
120

Design size: 80 x 80 stitches

Use 2 strands of thread for cross stitch

| N | Symbol | | Number | Name | Stitches |
|---|---|---|---|---|---|
| 1 | △ | △ | DMC 307 | Lemon | 392 |
| 2 | ■ | ■ | DMC 434 | Brown - Light | 259 |
| 3 | ✣ | ✣ | DMC 436 | Tan | 147 |
| 4 | ◣ | ◣ | DMC 444 | Lemon - Dark | 363 |
| 5 | ⌐ | ⌐ | DMC 471 | Avocado Green - Very Light | 495 |
| 6 | ✕ | ✕ | DMC 934 | Avocado Green - Black | 339 |
| 7 | ○ | ○ | DMC 972 | Canary - Deep | 456 |
| 8 | ◇ | ◇ | DMC 3371 | Black Brown | 50 |

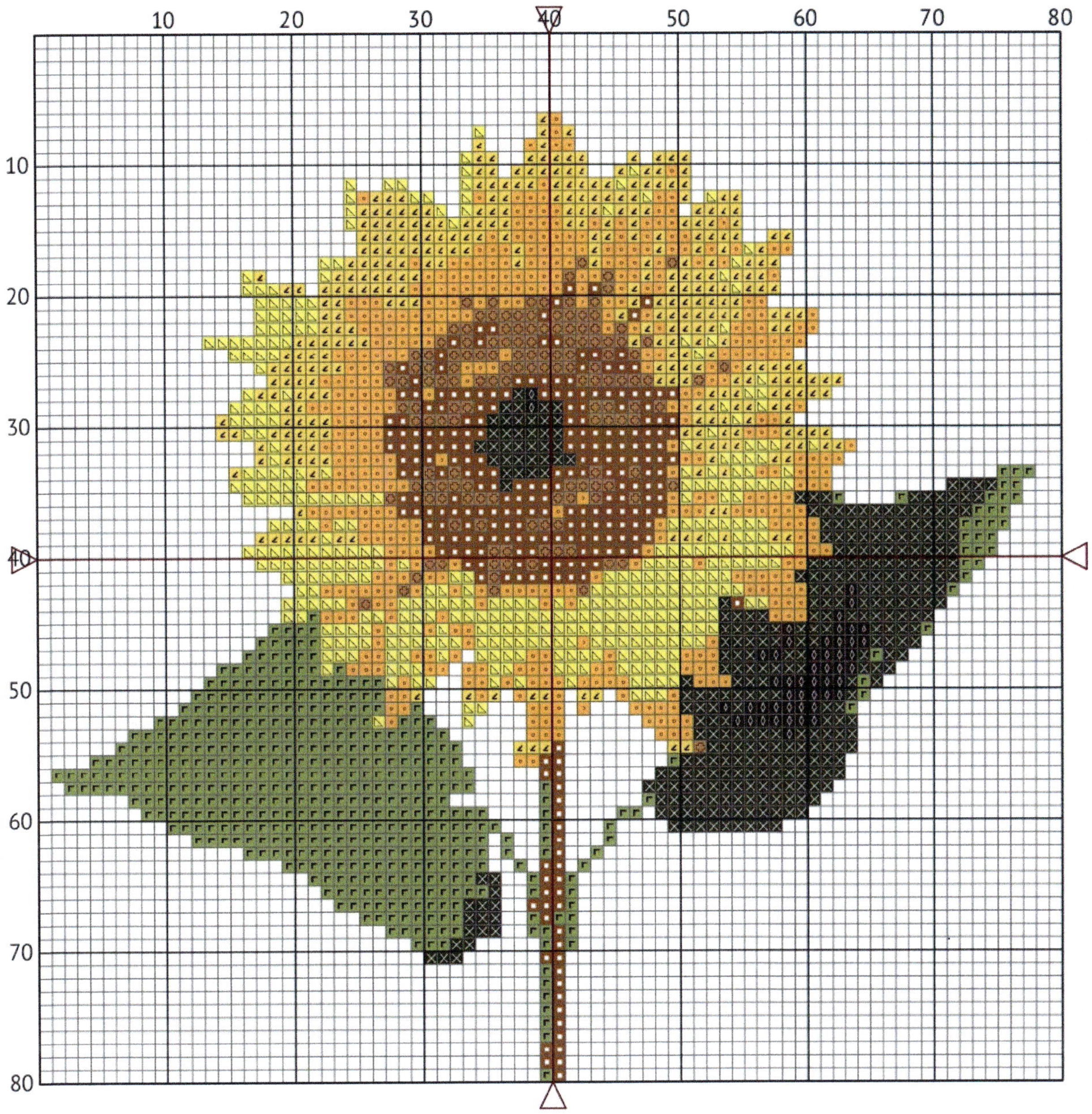
10
20
30
40
50
60
70
80

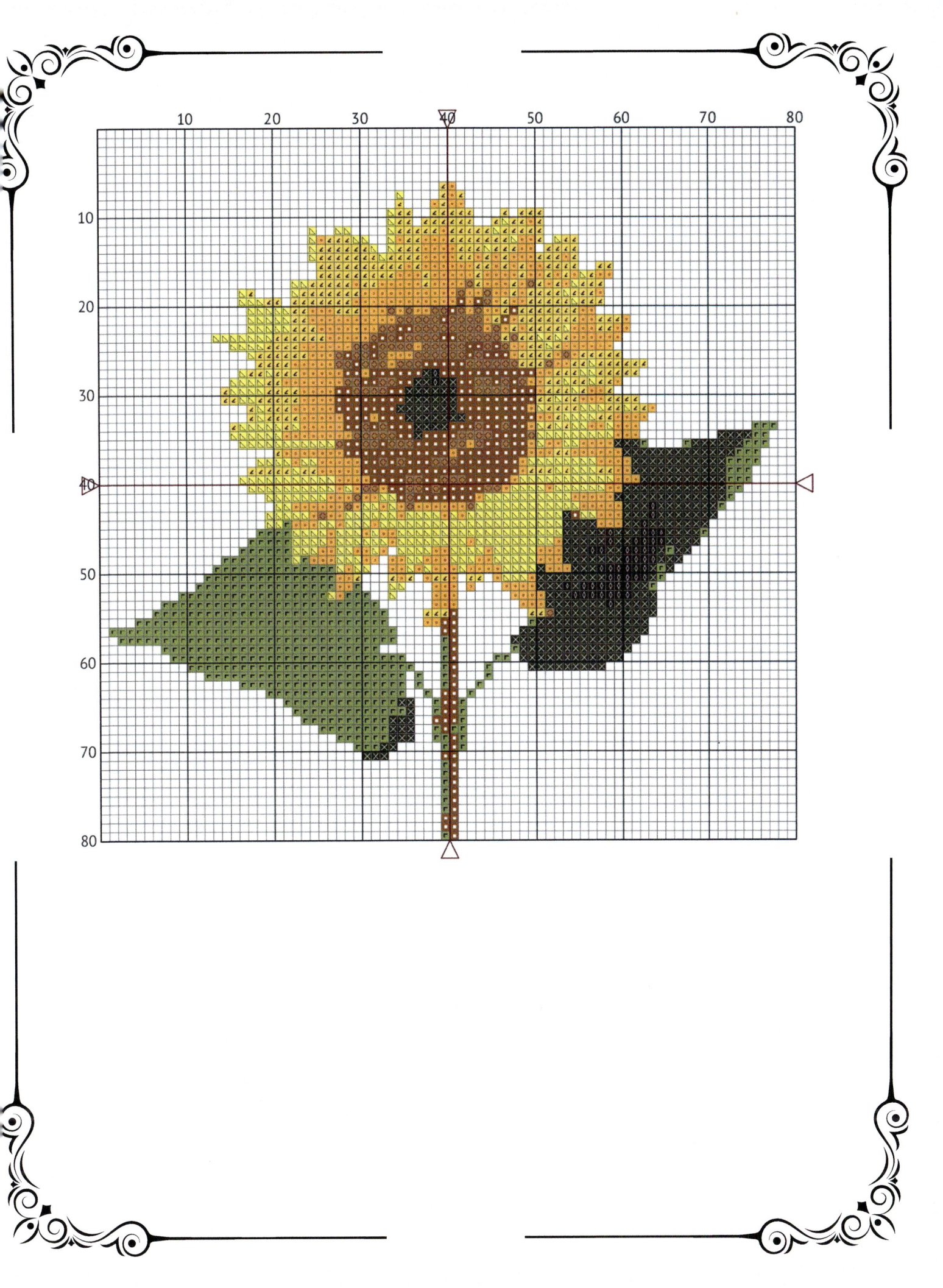

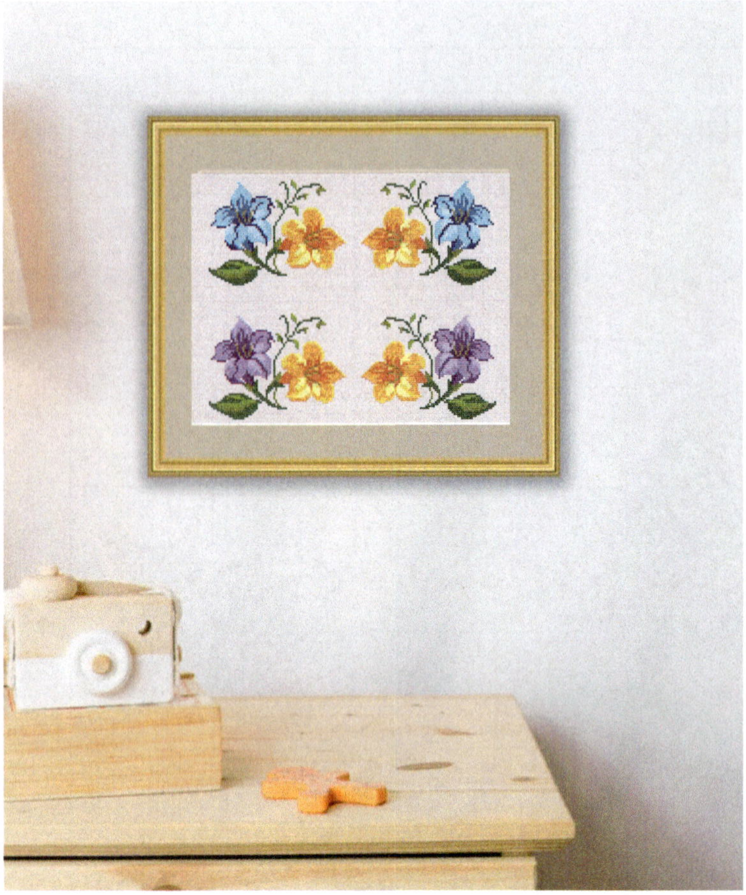
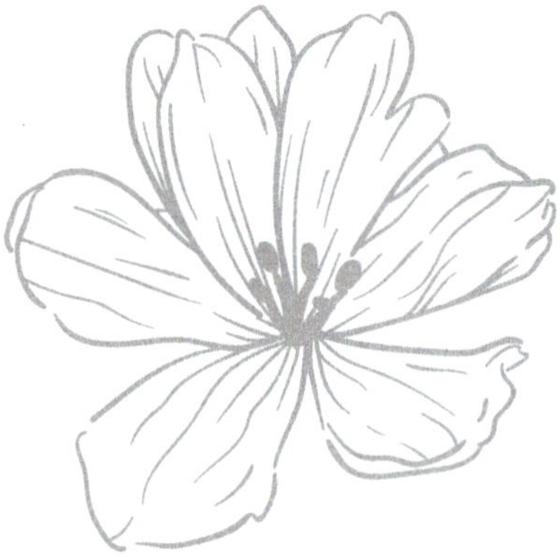
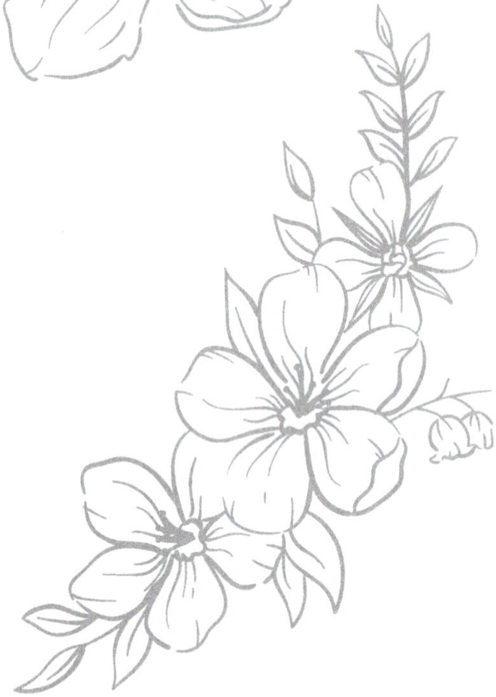
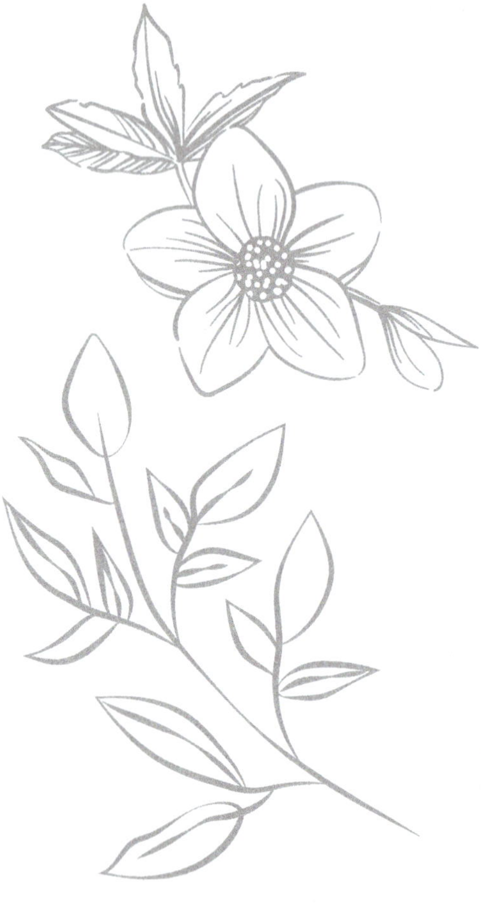
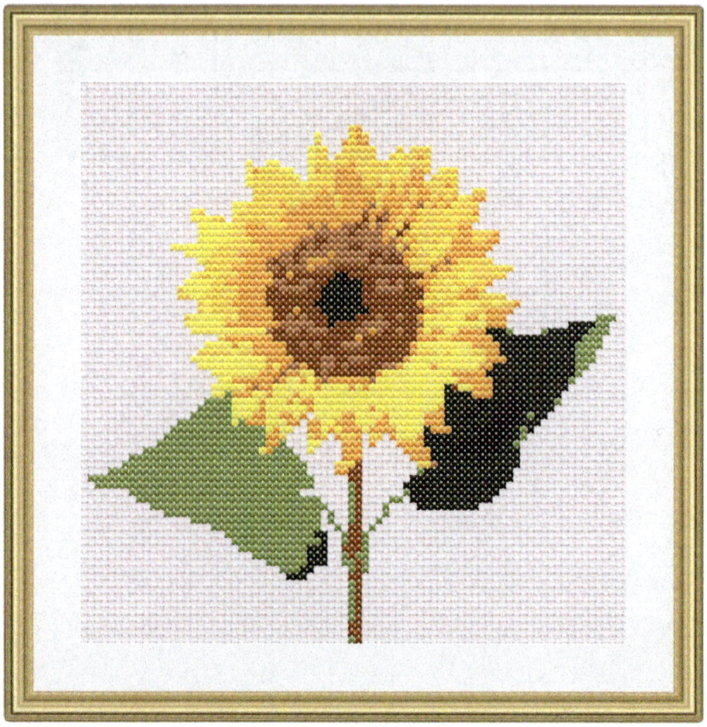

Design size: 68 x 71 stitches

Use 2 strands of thread for cross stitch

| N | Symbol | Number | Name | Stitches |
|---|---|---|---|---|
| 1 | ♣ | DMC 309 | Rose - Ultra Very Dark | 1039 |
| 2 | m | DMC 321 | Red | 320 |
| 3 | ♡ | DMC 909 | Emerald Green - Very Dark | 144 |
| 4 | △ | DMC 911 | Emerald Green - Medium | 226 |
| 5 | ✣ | DMC 915 | Plum - Dark | 175 |
| 6 | ⌐ | DMC 3371 | Black Brown | 722 |

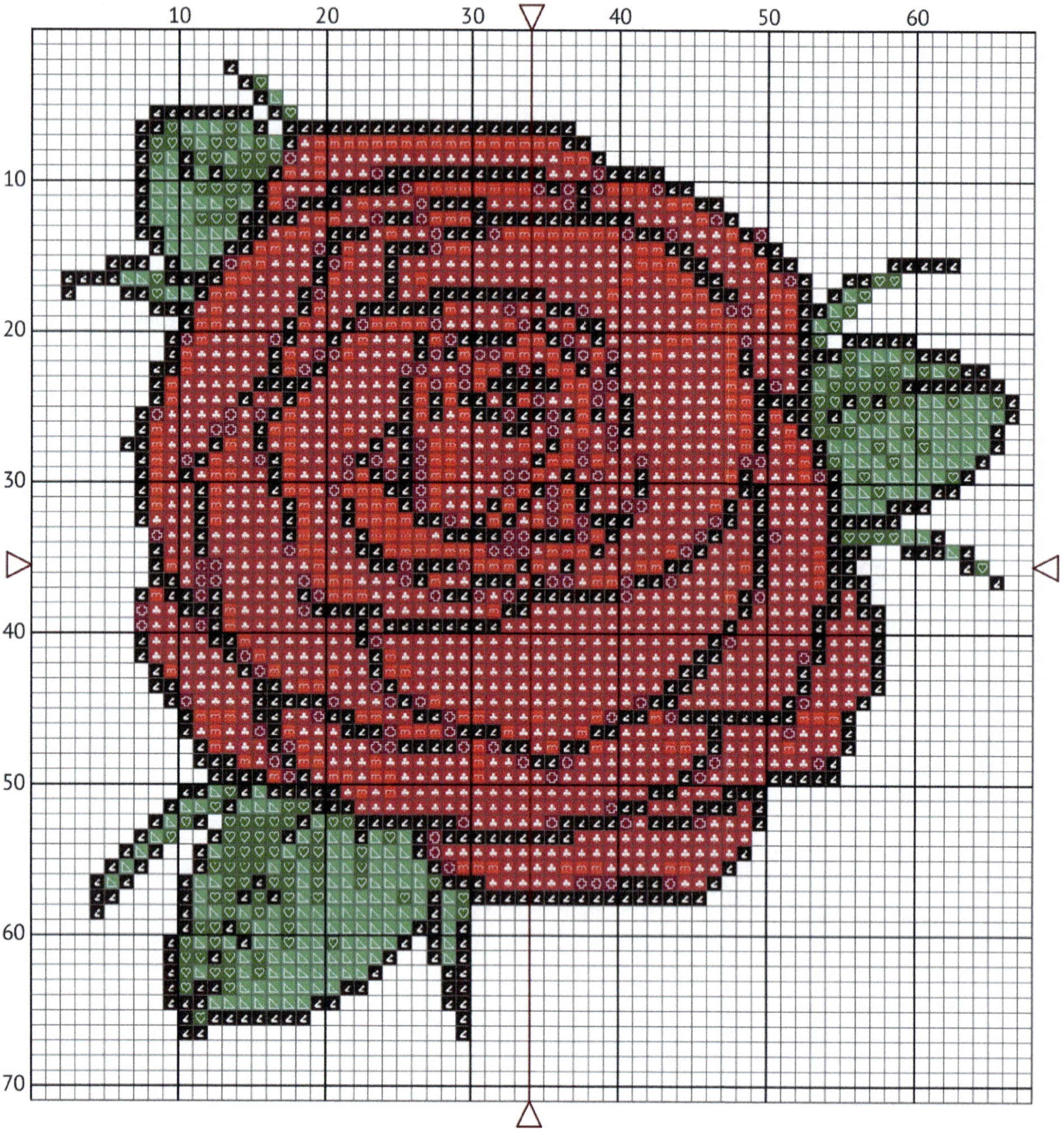
10
20
30
40
50
60
70

Design size: 90 x 149 stitches

Use 2 strands of thread for cross stitch

| N | Symbol | | Number | Name | Stitches |
|---|---|---|---|---|---|
| 1 | = | = | DMC 18 | Yellow Plum | 133 |
| 2 | ◊ | ◊ | DMC 580 | Moss Green - Dark | 233 |
| 3 | 7 | 7 | DMC 907 | Parrot Green - Light | 534 |
| 4 | ✻ | ✻ | DMC 987 | Forest Green - Dark | 306 |
| 5 | ✕ | ✕ | DMC 989 | Forest Green | 418 |
| 6 | ▽ | ▽ | DMC 3820 | Straw - Dark | 163 |
| 7 | ✚ | ✚ | DMC ECRU | Ecru | 814 |
| 8 | ◁ | ◁ | DMC B5200 | Snow White | 1750 |
| 9 | ♡ | ♡ | DMC 951 | Tawny - Light | 1011 |

10 20 30 40 50 60 70 80 90
10 20 30 40 50 60 70 80 90 100 110 120 130 140

Design size: 99 x 98 stitches

Use 2 strands of thread for cross stitch

| N | Symbol | | Number | Name | Stitches |
|---|---|---|---|---|---|
| 1 | ◊ | ◊ | DMC 151 | Dusty Rose - Very Light | 860 |
| 2 | ✛ | ✛ | DMC 163 | Celadon Green - Medium | 128 |
| 3 | 7 | 7 | DMC 353 | Peach | 410 |
| 4 | ✳ | ✳ | DMC 356 | Terra Cotta - Medium | 184 |
| 5 | ○ | ○ | DMC 407 | Desert Sand - Dark | 324 |
| 6 | ■ | ■ | DMC 563 | Jade - Light | 339 |
| 7 | ↑ | ↑ | DMC 957 | Geranium - Pale | 384 |
| 8 | ▽ | ▽ | DMC 987 | Forest Green - Dark | 31 |
| 9 | o | o | DMC 989 | Forest Green | 740 |
| 10 | ( | ( | DMC 3733 | Dusty Rose | 730 |
| 11 | // | // | DMC 3825 | Pumpkin - Pale | 34 |
| 12 | ⌐ | ⌐ | DMC 3856 | Mahogany - Ultra Very Light | 90 |

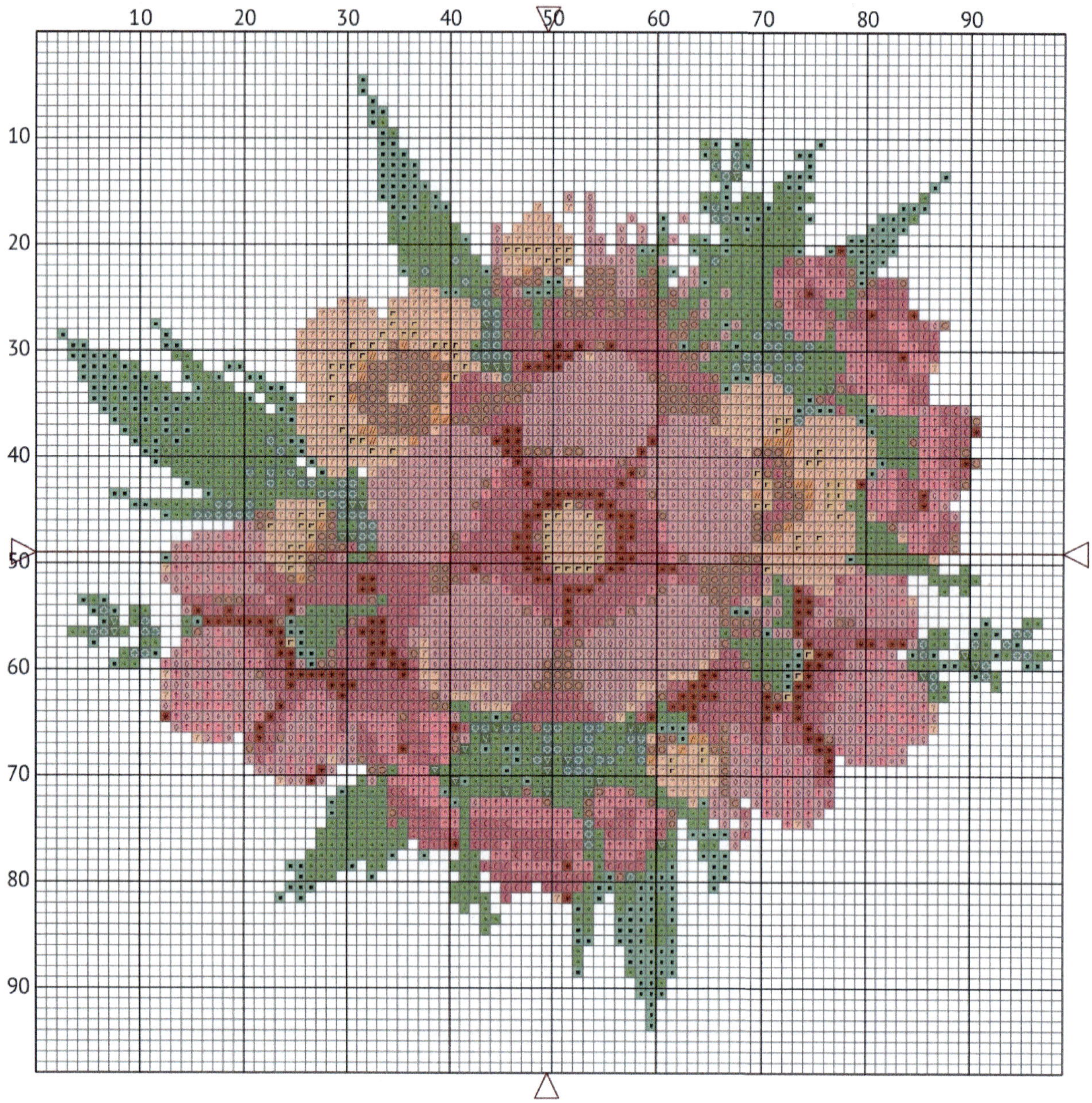

10 20 30 40 50 60 70 80 90
10 20 30 40 50 60 70 80 90

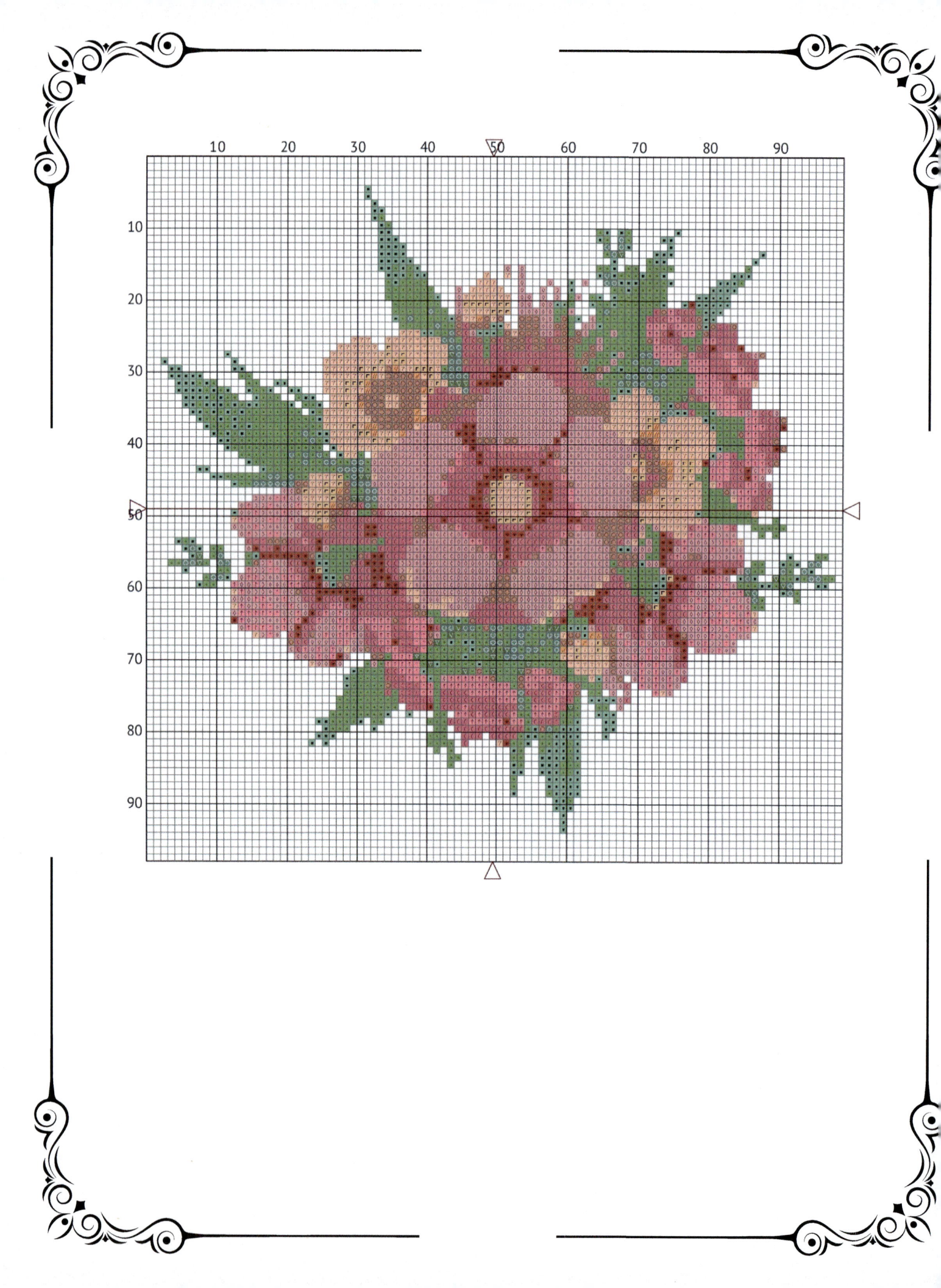

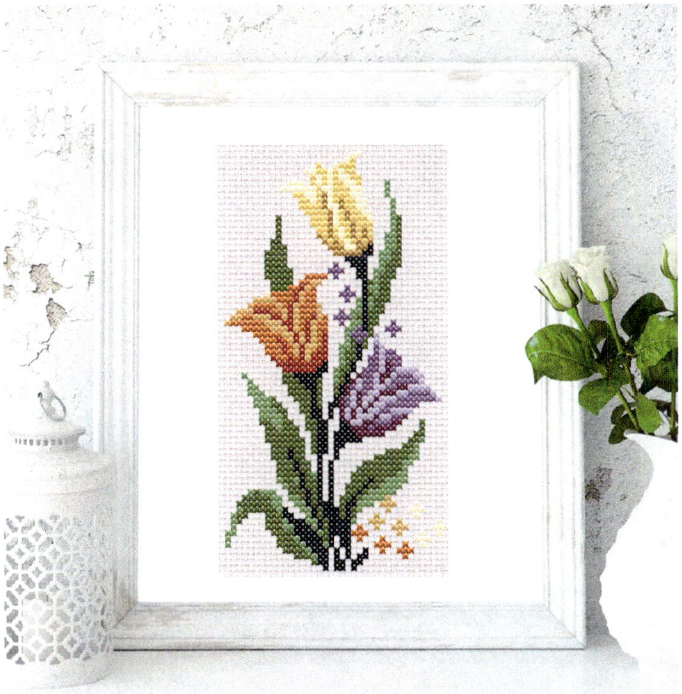

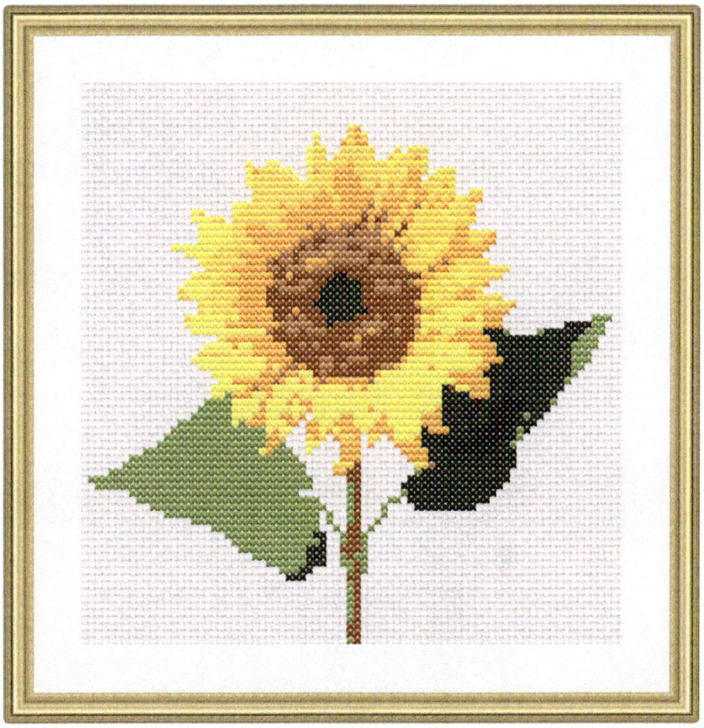

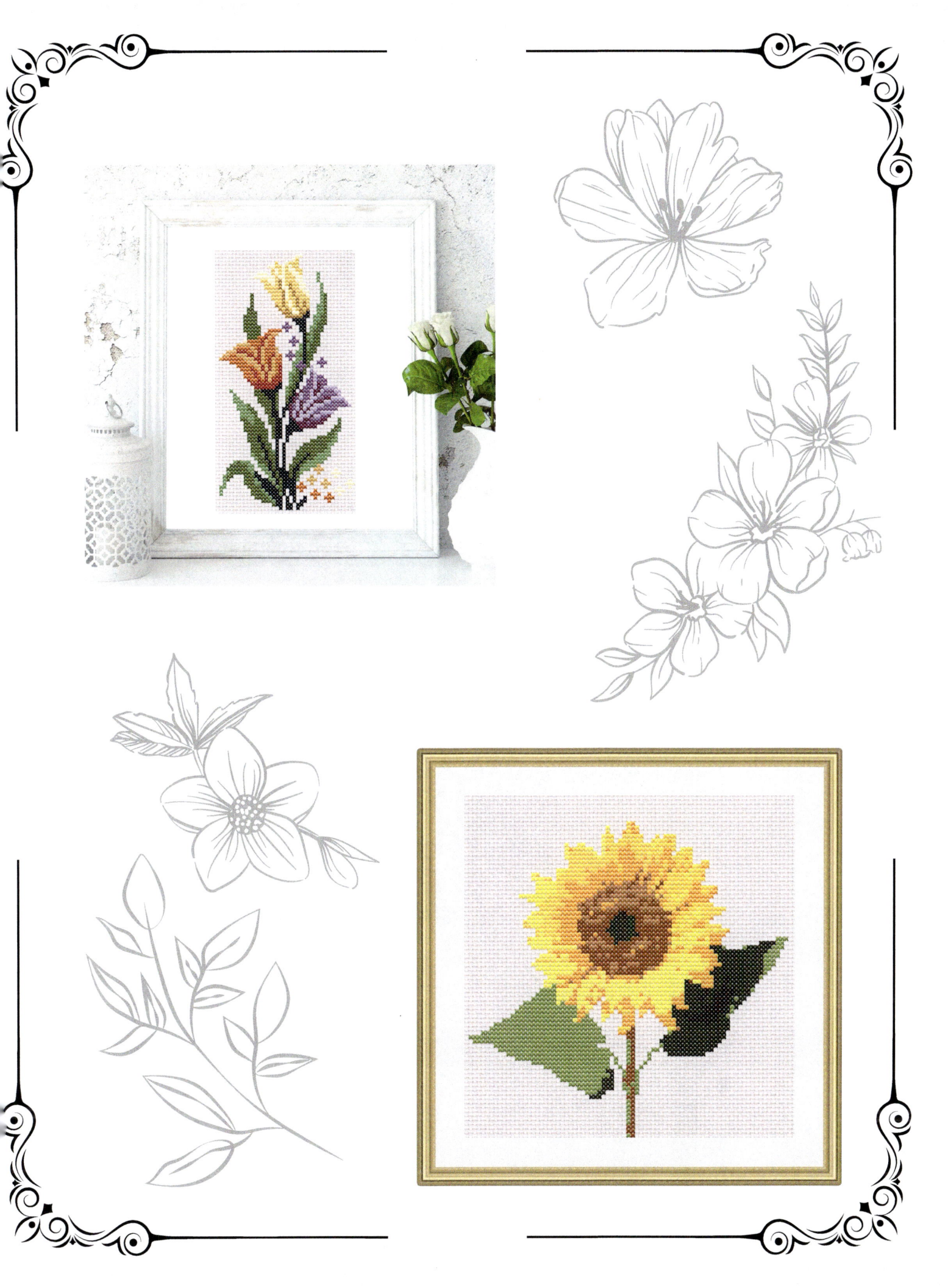

Design size: 55 x 121 stitches

Use 2 strands of thread for cross stitch

| N | Symbol | | Number | Name | Stitches |
|---|---|---|---|---|---|
| 1 | ✚ | ✚ | DMC 211 | Lavender - Light | 896 |
| 2 | // | // | DMC 552 | Violet - Medium | 1363 |
| 3 | ■ | ☐ | DMC 581 | Moss Green | 632 |
| 4 | ∠ | ∠ | DMC 3822 | Straw - Light | 162 |

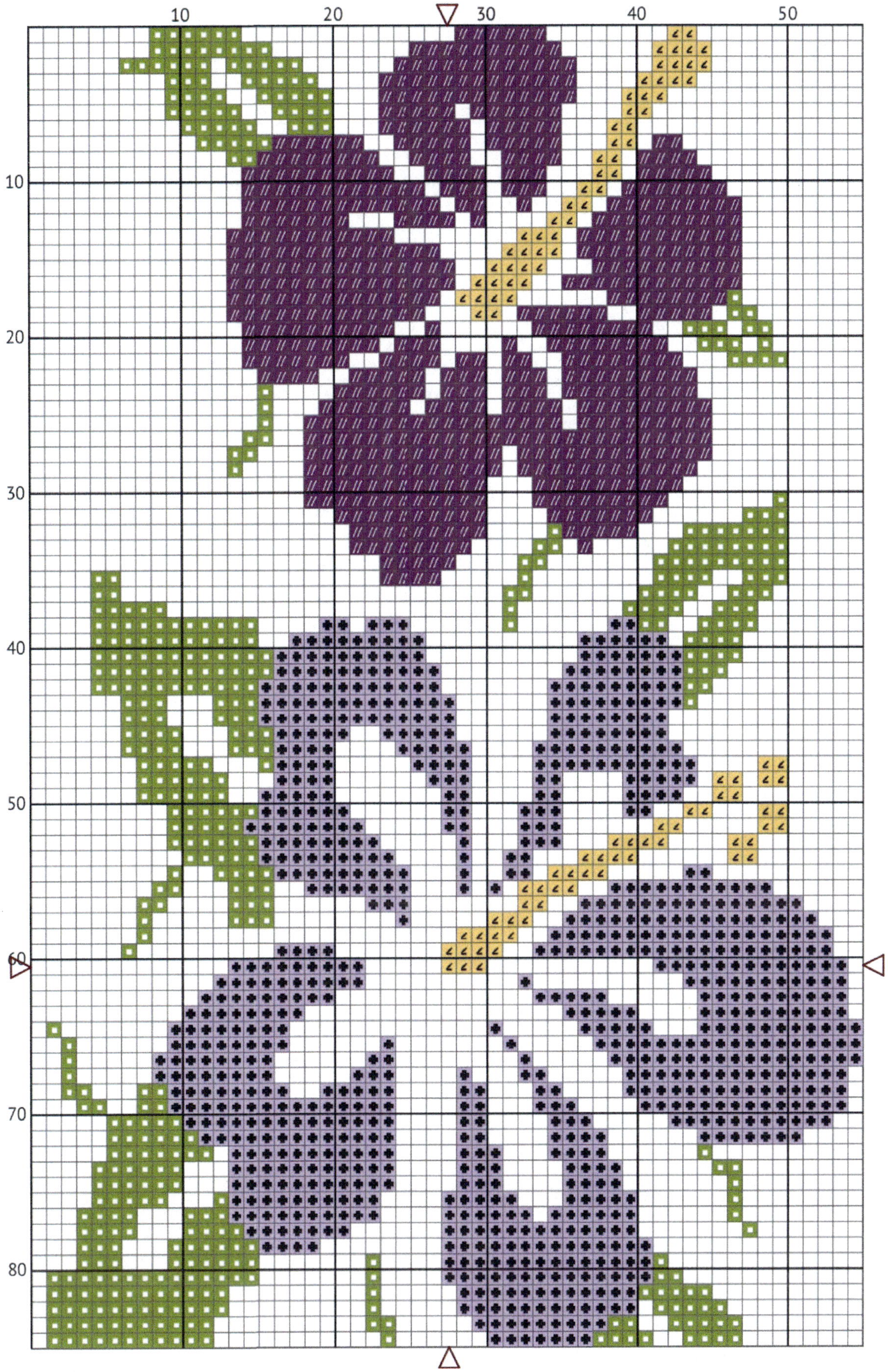

10
20
30
40
50
10
20
30
40
50
60
70
80

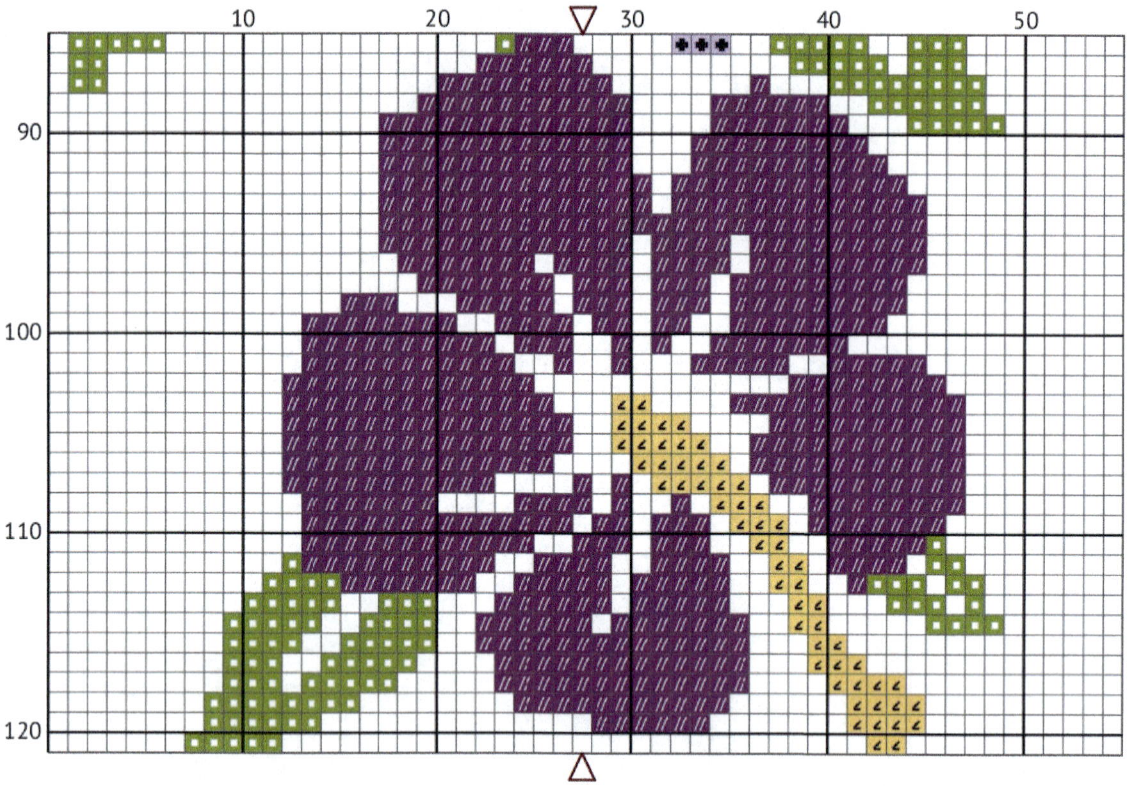
10
20
30
40
50
90
100
110
120

Design size: 40 x 113 stitches

Use 2 strands of thread for cross stitch

| N | Symbol | | Number | Name | Stitches |
|---|---|---|---|---|---|
| 1 | ∴ | ∴ | DMC 369 | Pistachio Green - Very Light | 318 |
| 2 | ■ | ■ | DMC 778 | Antique Mauve - Very Light | 288 |
| 3 | ○ | ○ | DMC 928 | Gray Green - Very Light | 123 |
| 4 | ⏳ | ⏳ | DMC 3022 | Brown Gray - Medium | 282 |
| 5 | × | × | DMC 3689 | Mauve - Light | 405 |
| 6 | ▽ | ▽ | DMC 3836 | Grape - Light | 614 |

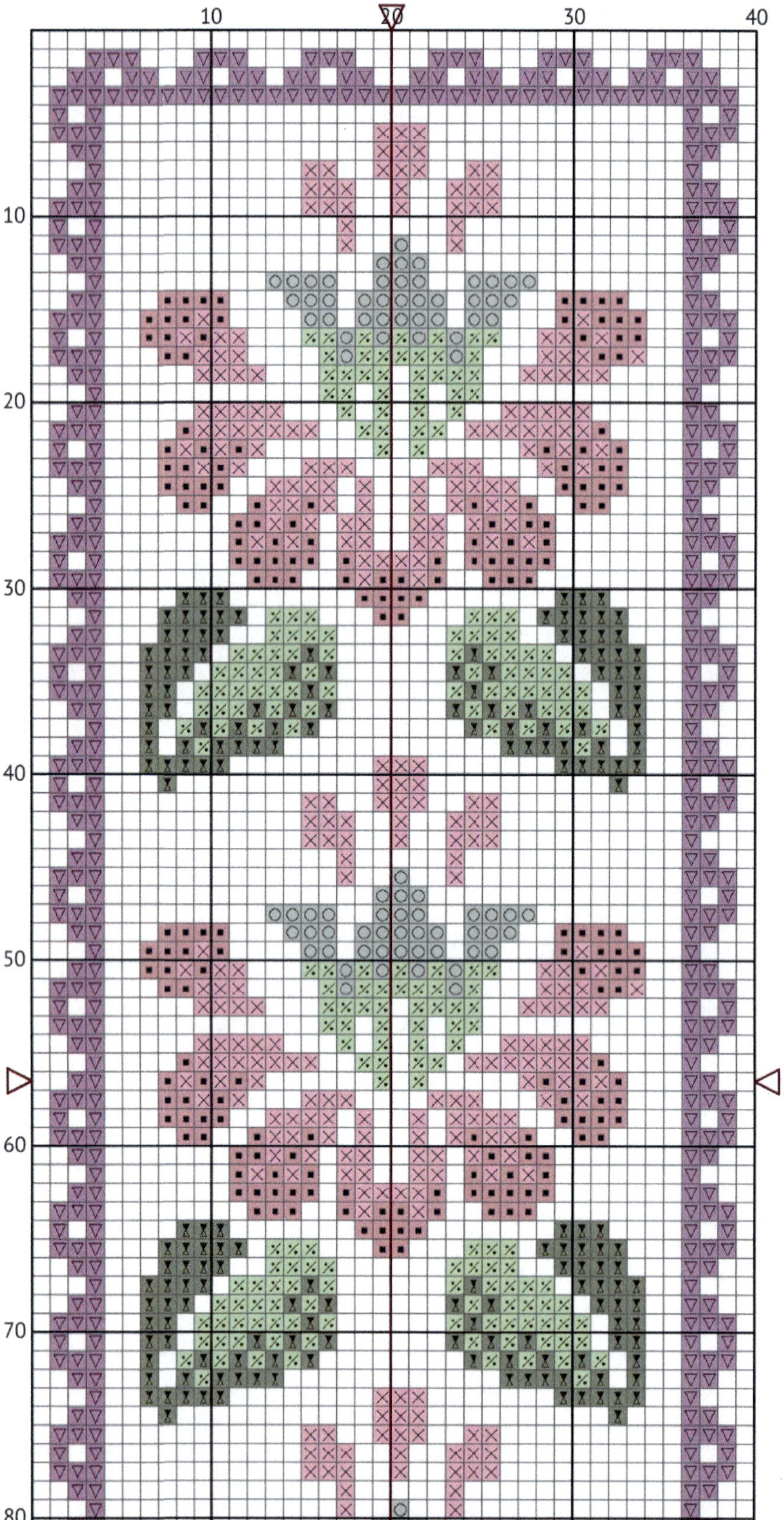

10
20
30
40
10
20
30
40
50
60
70
80

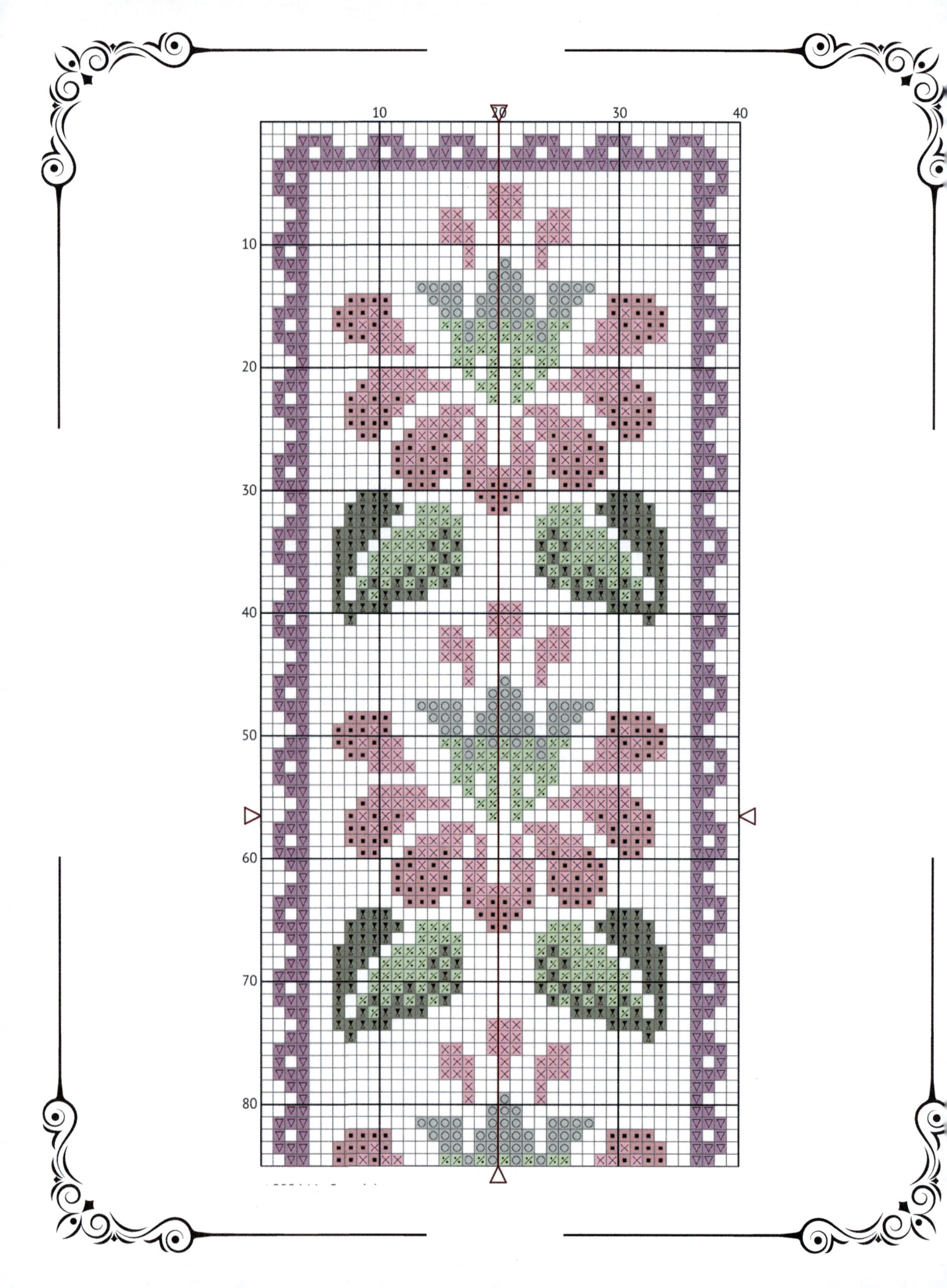

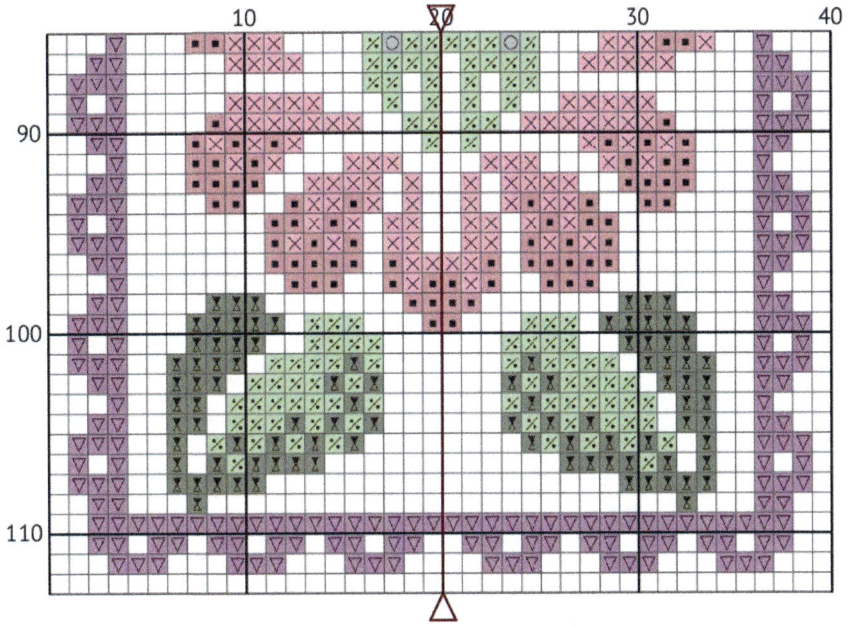

10
20
30
40
90
100
110

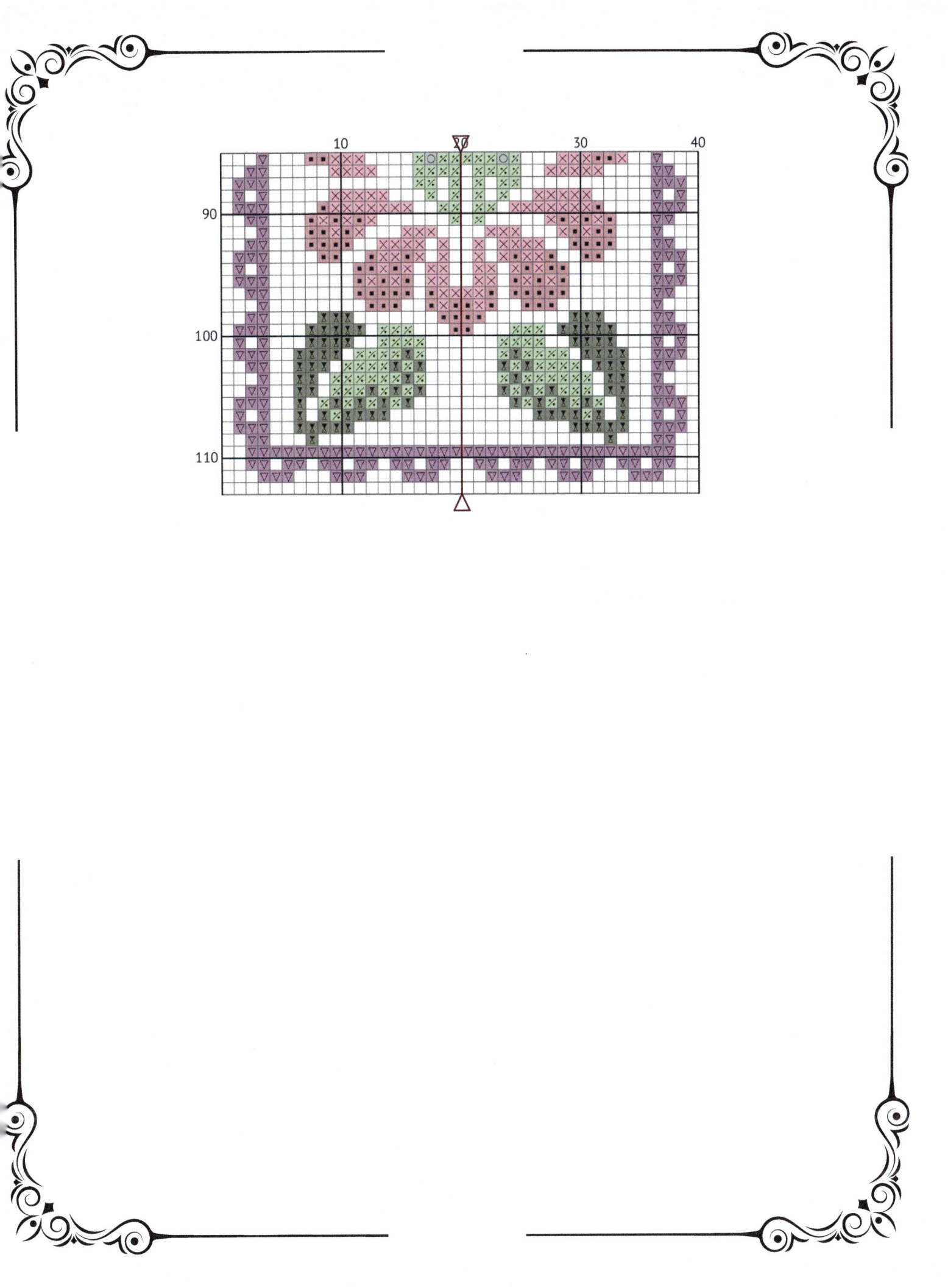

Design size: 88 x 70 stitches

Use 2 strands of thread for cross stitch

| N | Symbol | | Number | Name | Stitches |
|---|---|---|---|---|---|
| 1 | ☆ | ☆ | DMC 02 | Tin | 46 |
| 2 | ( | ( | DMC 29 | Eggplant | 212 |
| 3 | // | // | DMC 211 | Lavender - Light | 256 |
| 4 | 7 | 7 | DMC 523 | Fern Green - Light | 520 |
| 5 | ✠ | ✠ | DMC 935 | Avocado Green - Dark | 166 |
| 6 | ↑ | ↑ | DMC 973 | Canary - Bright | 12 |
| 7 | < | < | DMC 3042 | Antique Violet - Light | 340 |
| 1 | —— | | DMC 310 | Black | 77 |

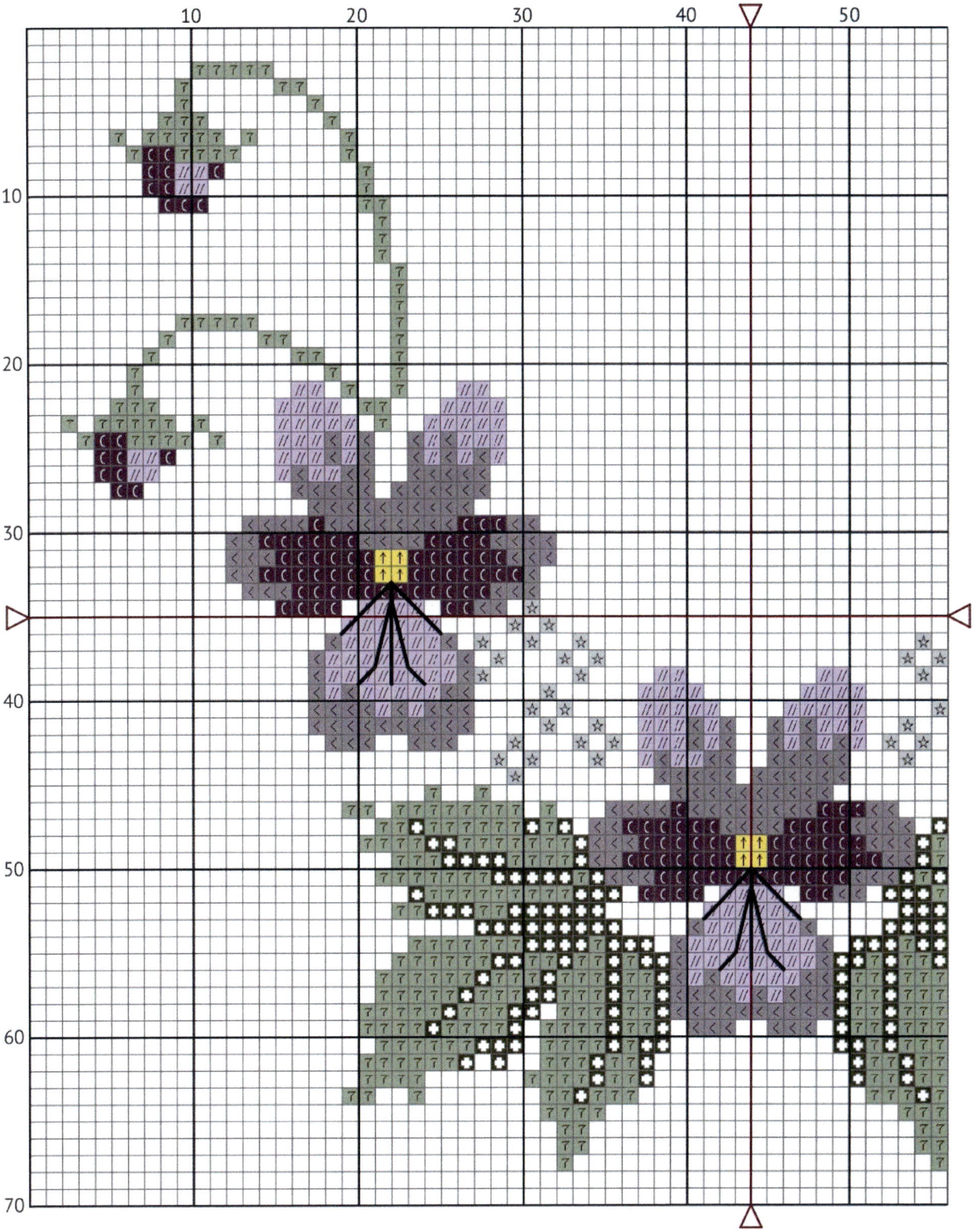
10
20
30
40
50
10
20
30
40
50
60
70

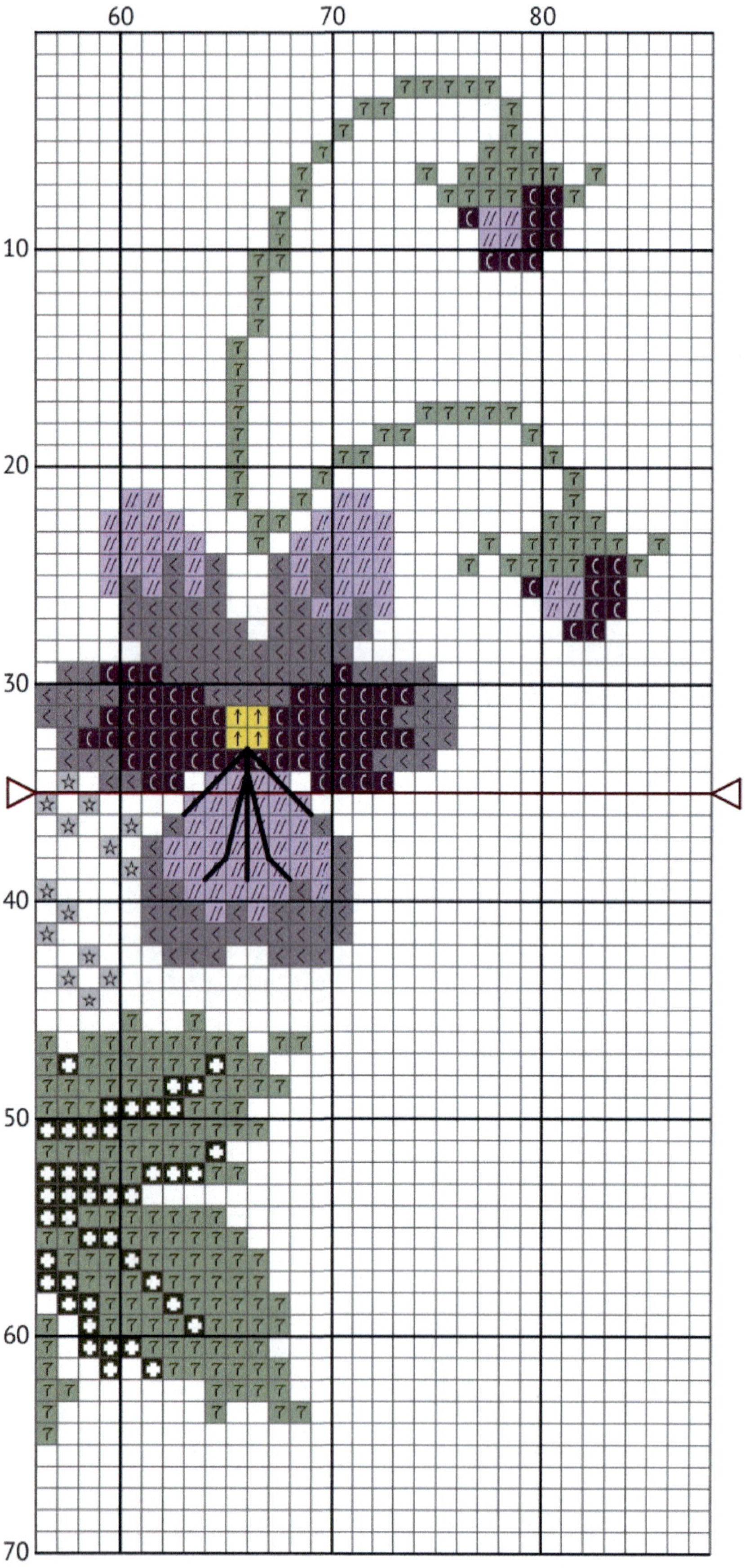
60
70
80
10
20
30
40
50
60
70

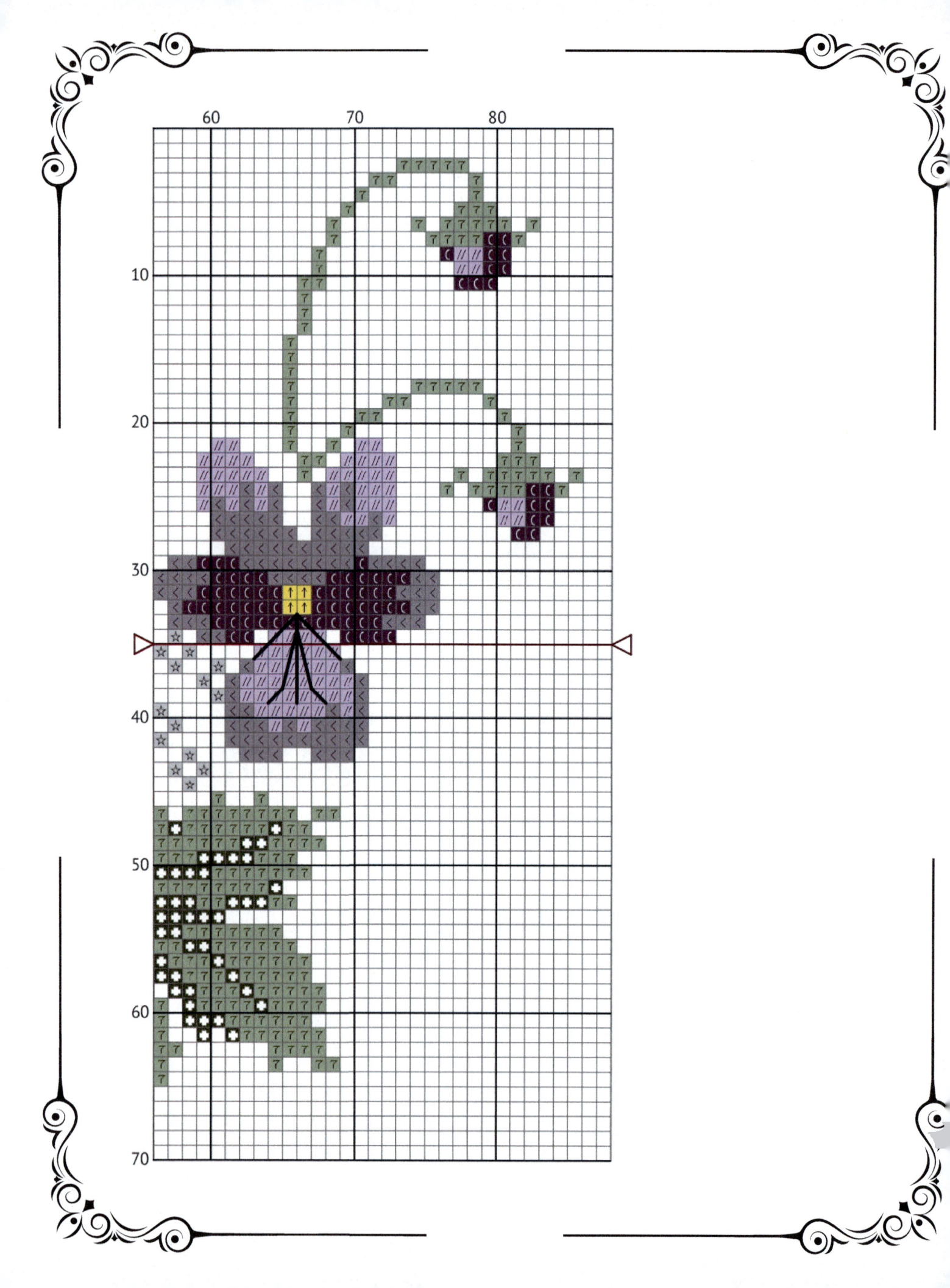

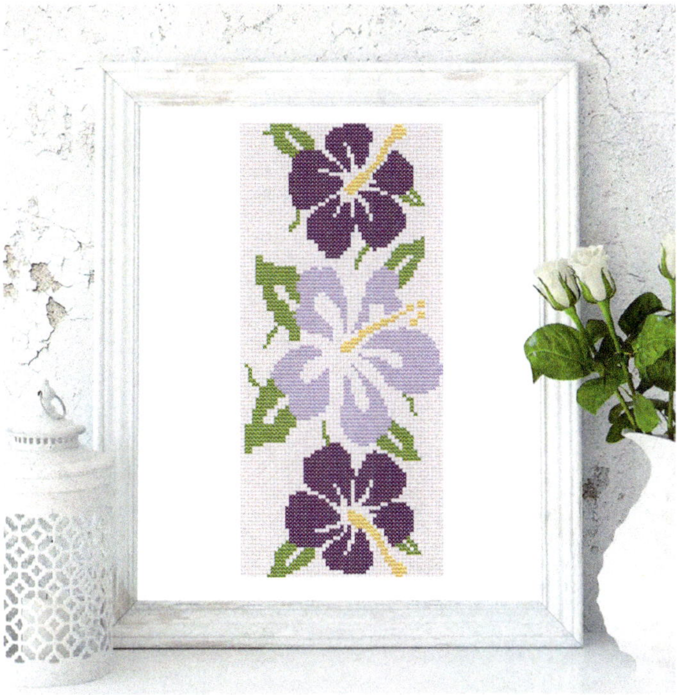

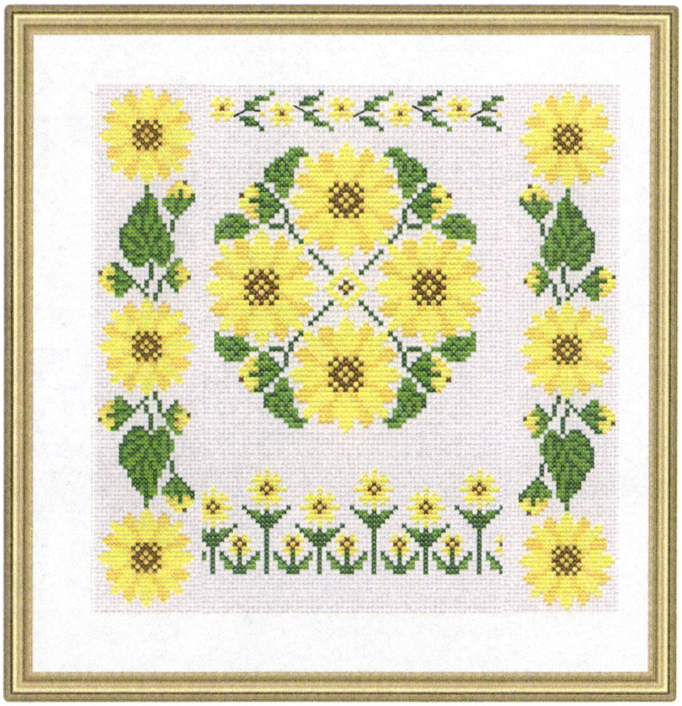

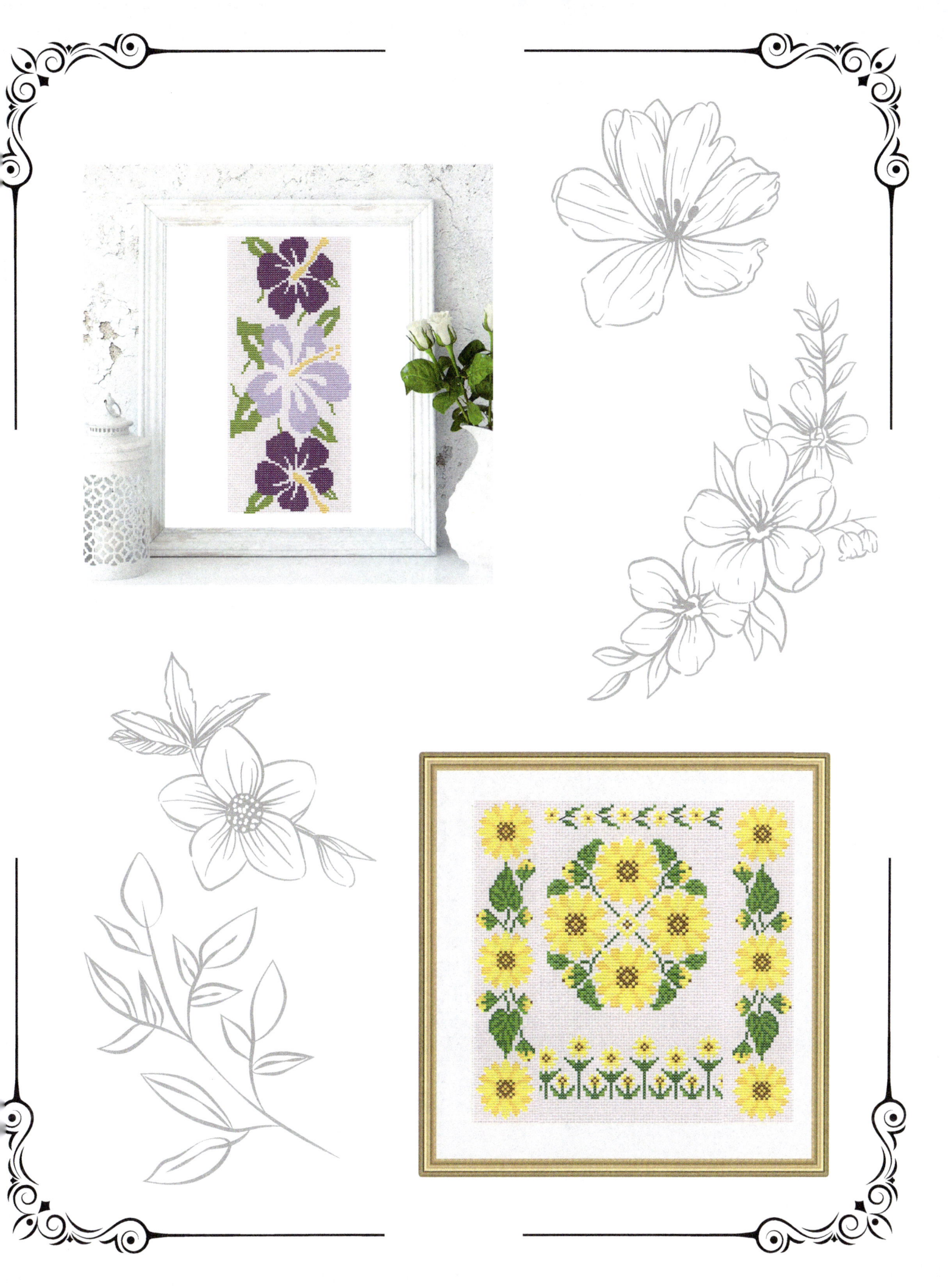

Design size: 40 x 74 stitches

Use 2 strands of thread for cross stitch

| N | Symbol | | Number | Name | Stitches |
|---|---|---|---|---|---|
| 1 | ⏳ | | DMC 22 | Alizarin | 51 |
| 2 | M | | DMC 211 | Lavender - Light | 59 |
| 3 | ✳ | | DMC 310 | Black | 191 |
| 4 | ♥ | | DMC 553 | Violet | 87 |
| 5 | ▽ | | DMC 676 | Old Gold - Light | 66 |
| 6 | = | | DMC 729 | Old Gold - Medium | 32 |
| 7 | ∠ | | DMC 746 | Off White | 69 |
| 8 | # | | DMC 976 | Golden Brown - Medium | 94 |
| 9 | ◇ | | DMC 988 | Forest Green - Medium | 143 |
| 10 | × | | DMC 3346 | Hunter Green | 319 |
| 11 | m | | DMC 3822 | Straw - Light | 79 |
| 12 | ★ | | DMC 3834 | Grape - Dark | 45 |

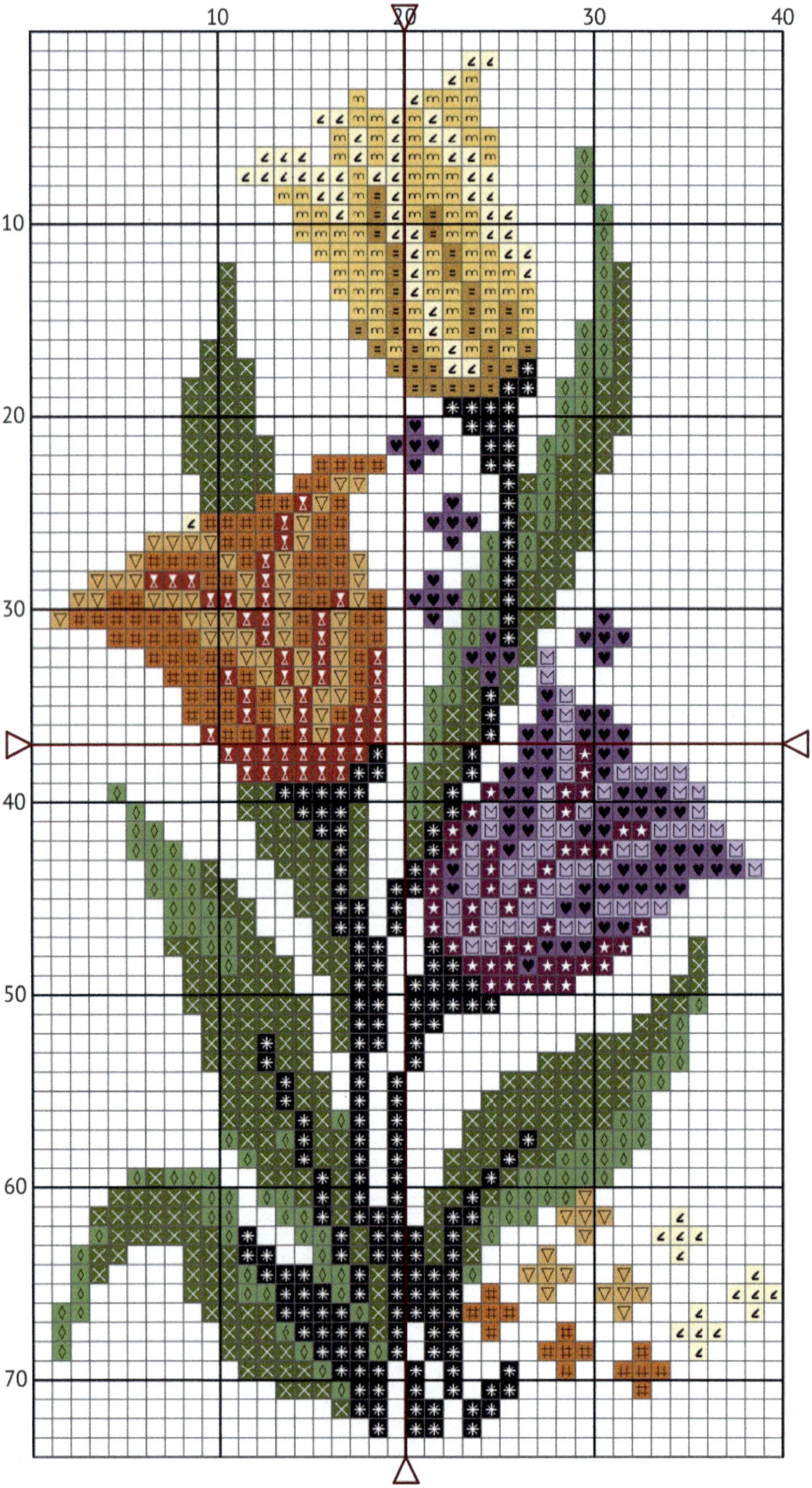
10
20
30
40
10
20
30
40
50
60
70

Design size: 50 x 49 stitches

Use 2 strands of thread for cross stitch

| N | Symbol | | Number | Name | Stitches |
|---|---|---|---|---|---|
| 1 | ✠ | ✠ | DMC 157 | Cornflower Blue - Very Light | 317 |
| 2 | ■ | ■ | DMC 334 | Baby Blue - Medium | 238 |
| 3 | o | o | DMC 775 | Baby Blue - Very Light | 217 |
| 4 | S | S | DMC 803 | Baby Blue - Ultra Very Dark | 43 |
| 5 | 7 | 7 | DMC 833 | Golden Olive - Light | 56 |
| 6 | ☆ | ☆ | DMC 904 | Parrot Green - Very Dark | 588 |
| 7 | ▽ | ▽ | DMC 3347 | Yellow Green - Medium | 104 |
| 8 | ◊ | ◊ | DMC 3821 | Straw | 23 |
| 1 | ——— | | DMC 310 | Black | 823 |

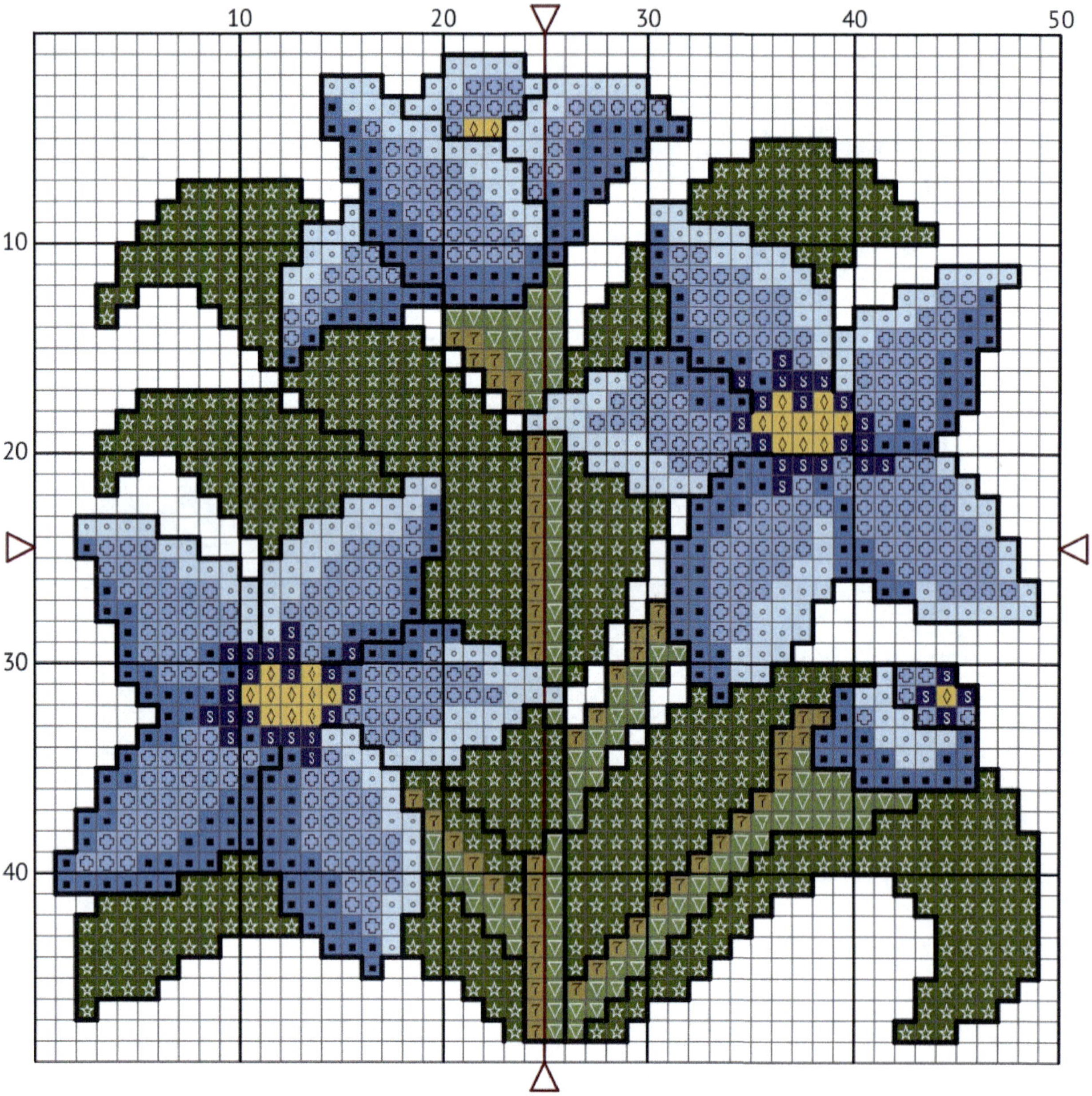

10
20
30
40
50
10
20
30
40

Design size: 154 x 149 stitches

Use 2 strands of thread for cross stitch

| N | Symbol | | Number | Name | Stitches |
|---|---|---|---|---|---|
| 1 | ∴ | ∴ | DMC 13 | Nile Green - Medium Light | 1162 |
| 2 | ✕ | ✕ | DMC 28 | Eggplant - Medium Light | 3700 |
| 3 | ◊ | ◊ | DMC 162 | Blue - Ultra Very Light | 1409 |

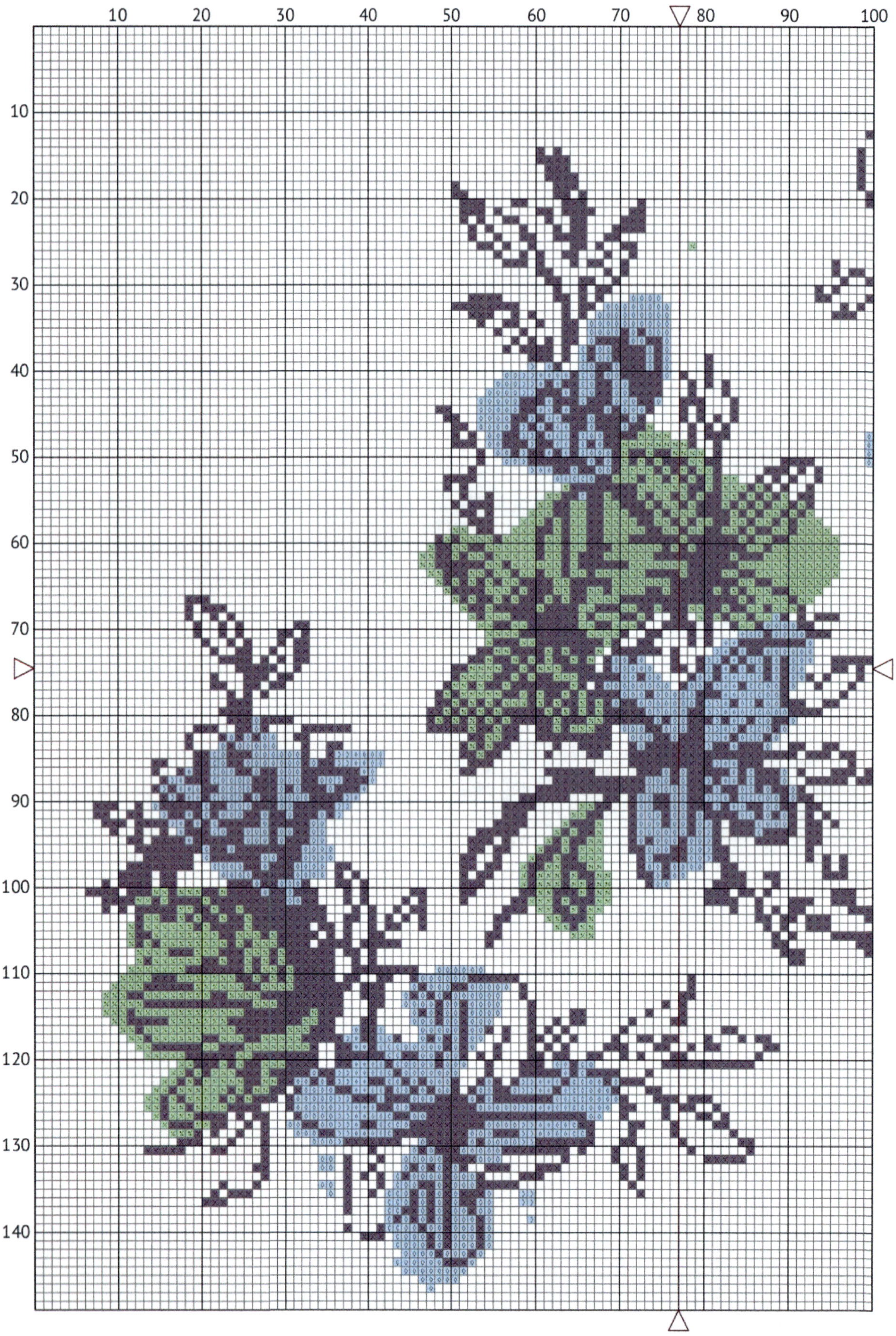

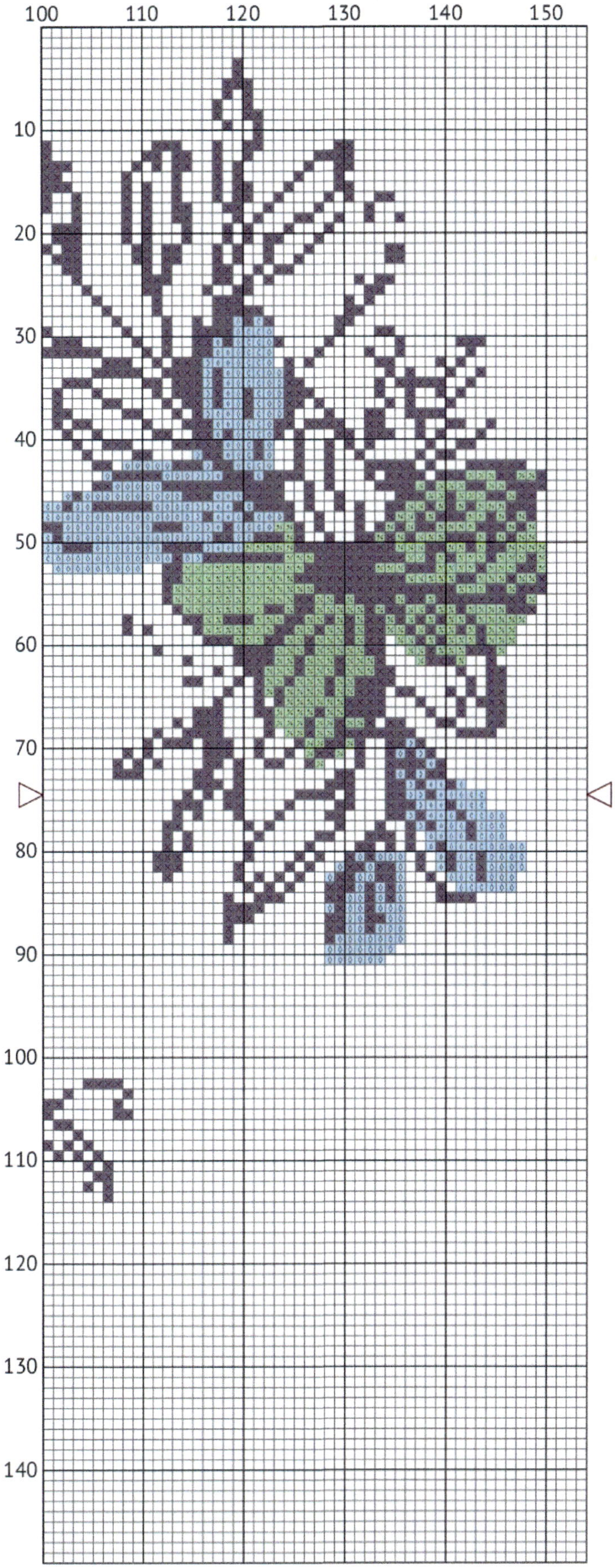
100
110
120
130
140
150
10
20
30
40
50
60
70
80
90
100
110
120
130
140

Design size: 145 x 140 stitches

Use 2 strands of thread for cross stitch

| N | Symbol | Number | Name | Stitches |
|---|---|---|---|---|
| 1 | | DMC 931 | Antique Blue - Medium | 3181 |

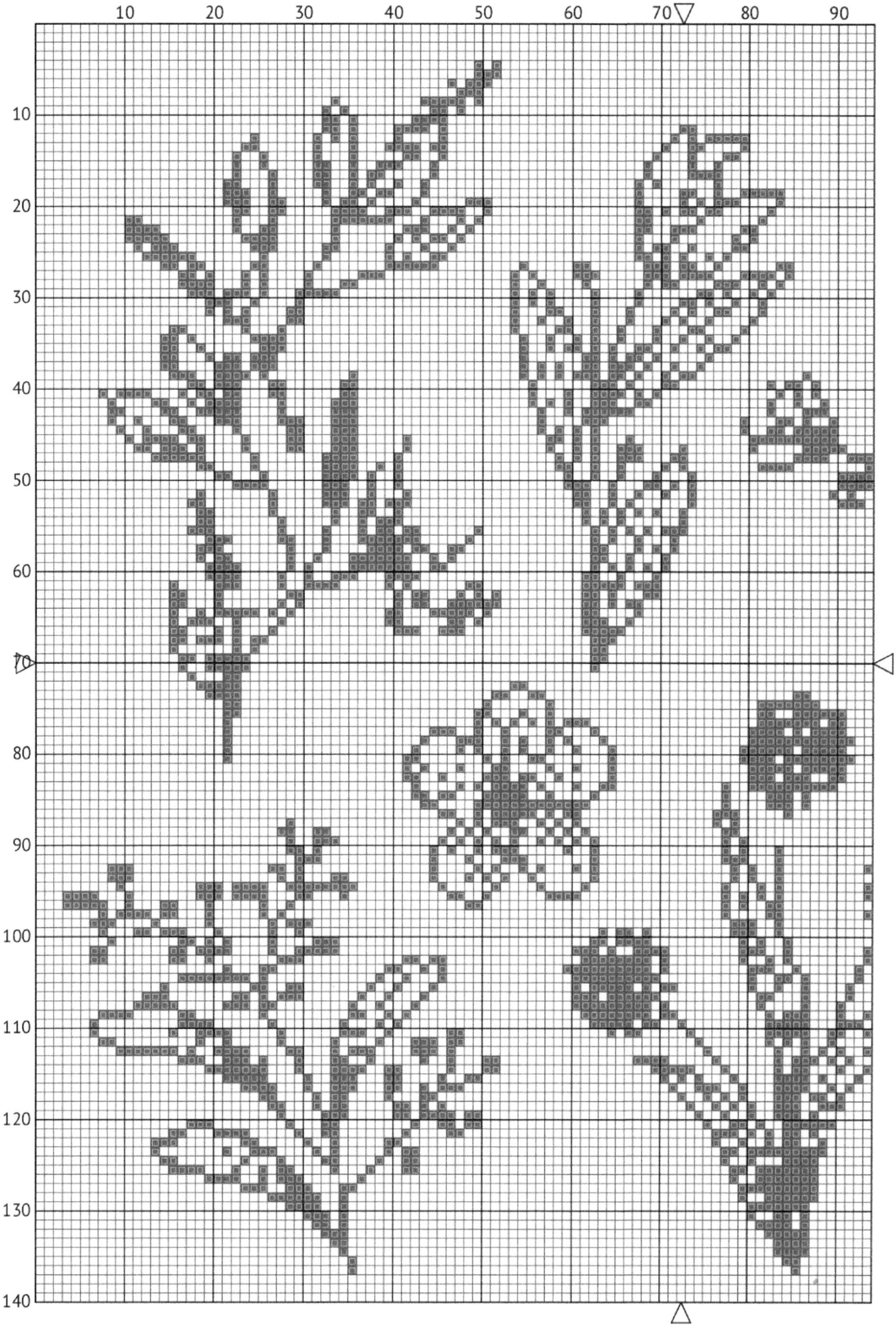

10
20
30
40
50
60
70
80
90
100
110
120
130
140

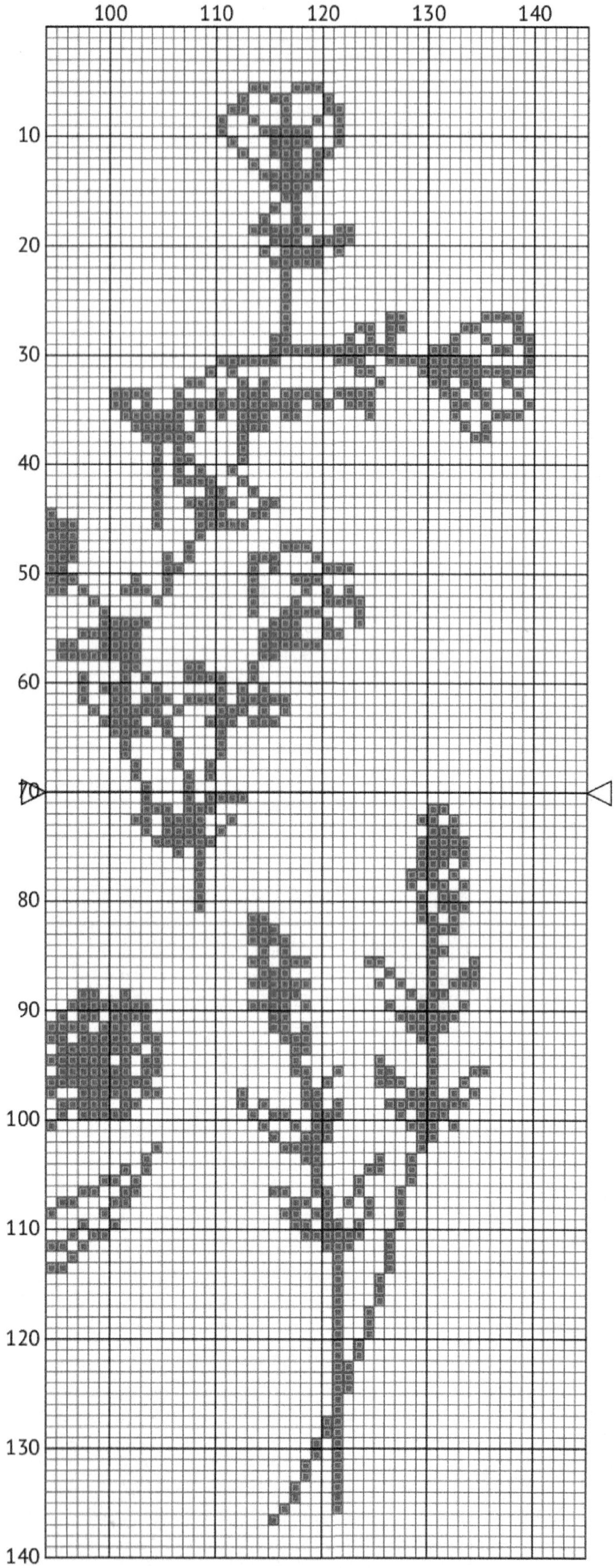
100
110
120
130
140
10
20
30
40
50
60
70
80
90
100
110
120
130
140

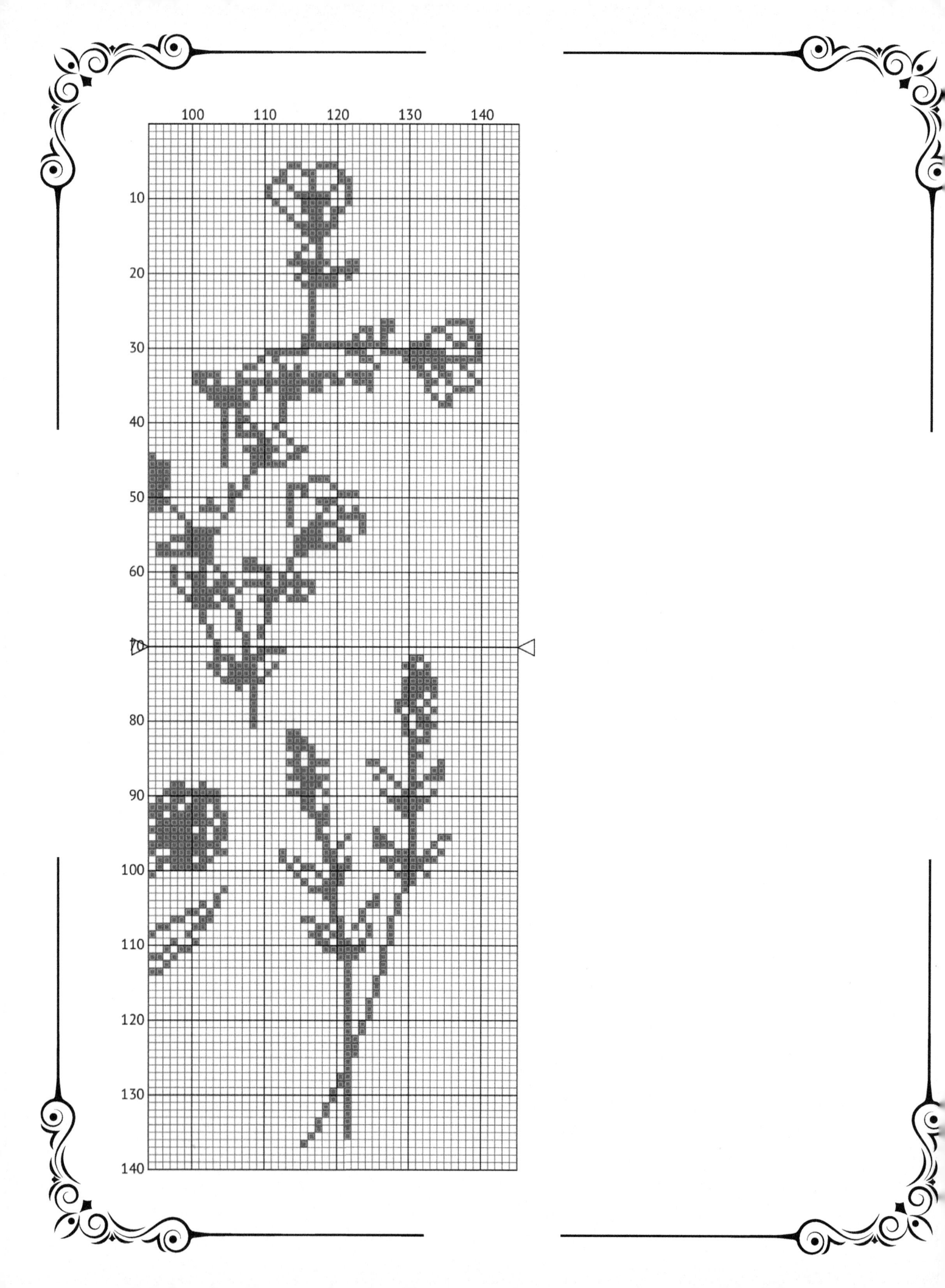

Design size: 102 x 107 stitches

Use 2 strands of thread for cross stitch

| N | Symbol | | Number | Name | Stitches |
|---|---|---|---|---|---|
| 1 | < | < | DMC 471 | Avocado Green - Very Light | 319 |
| 2 | ♣ | ♣ | DMC 603 | Cranberry | 440 |
| 3 | 7 | 7 | DMC 744 | Yellow - Pale | 354 |
| 4 | ✗ | ✗ | DMC 892 | Carnation - Medium | 73 |
| 5 | ✣ | ✣ | DMC 956 | Geranium | 78 |
| 6 | # | # | DMC 973 | Canary - Bright | 238 |
| 7 | ◊ | ◊ | DMC 3348 | Yellow Green - Light | 825 |
| 8 | ( | ( | DMC 3706 | Melon - Medium | 156 |

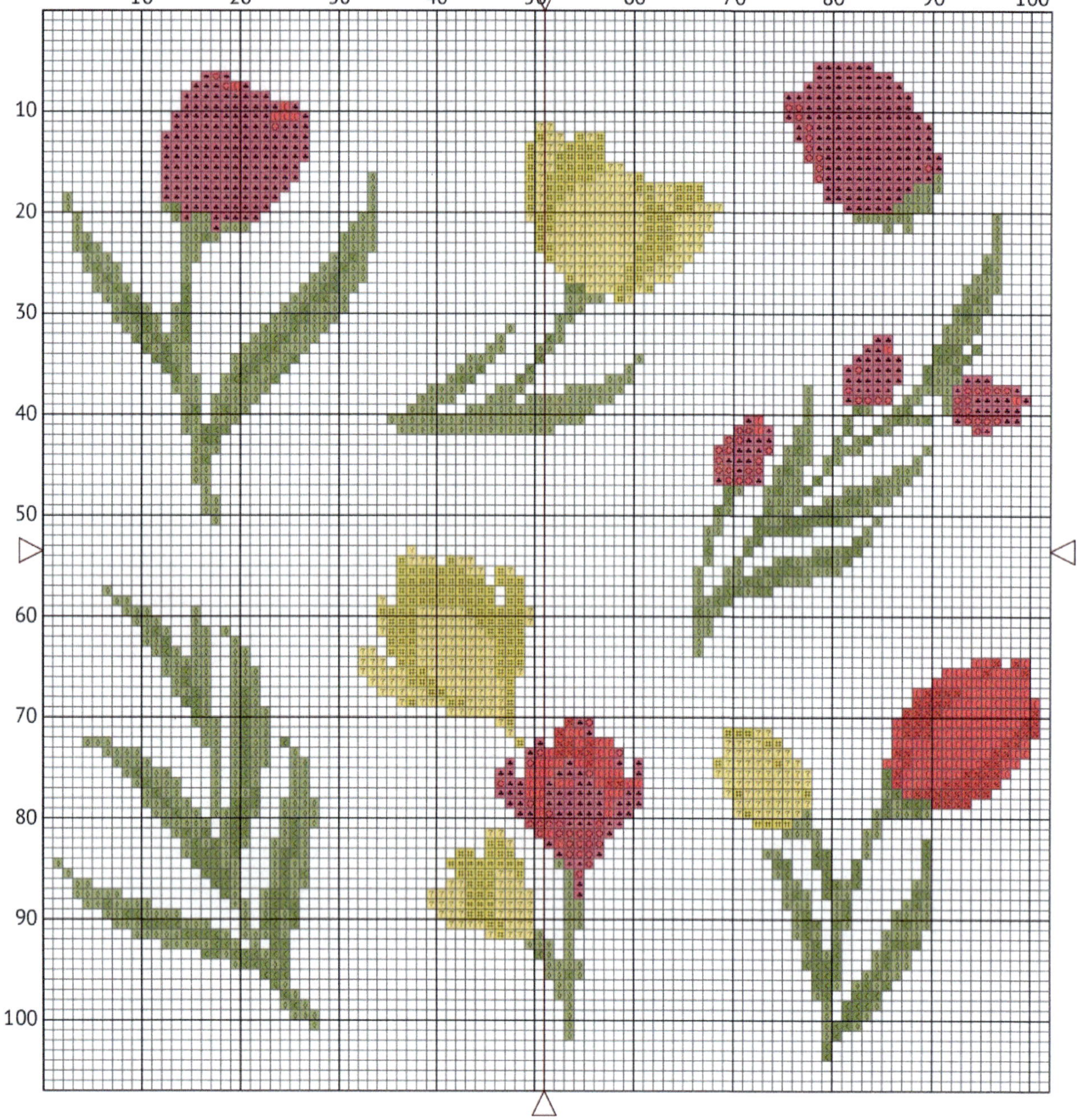
10
20
30
40
50
60
70
80
90
100

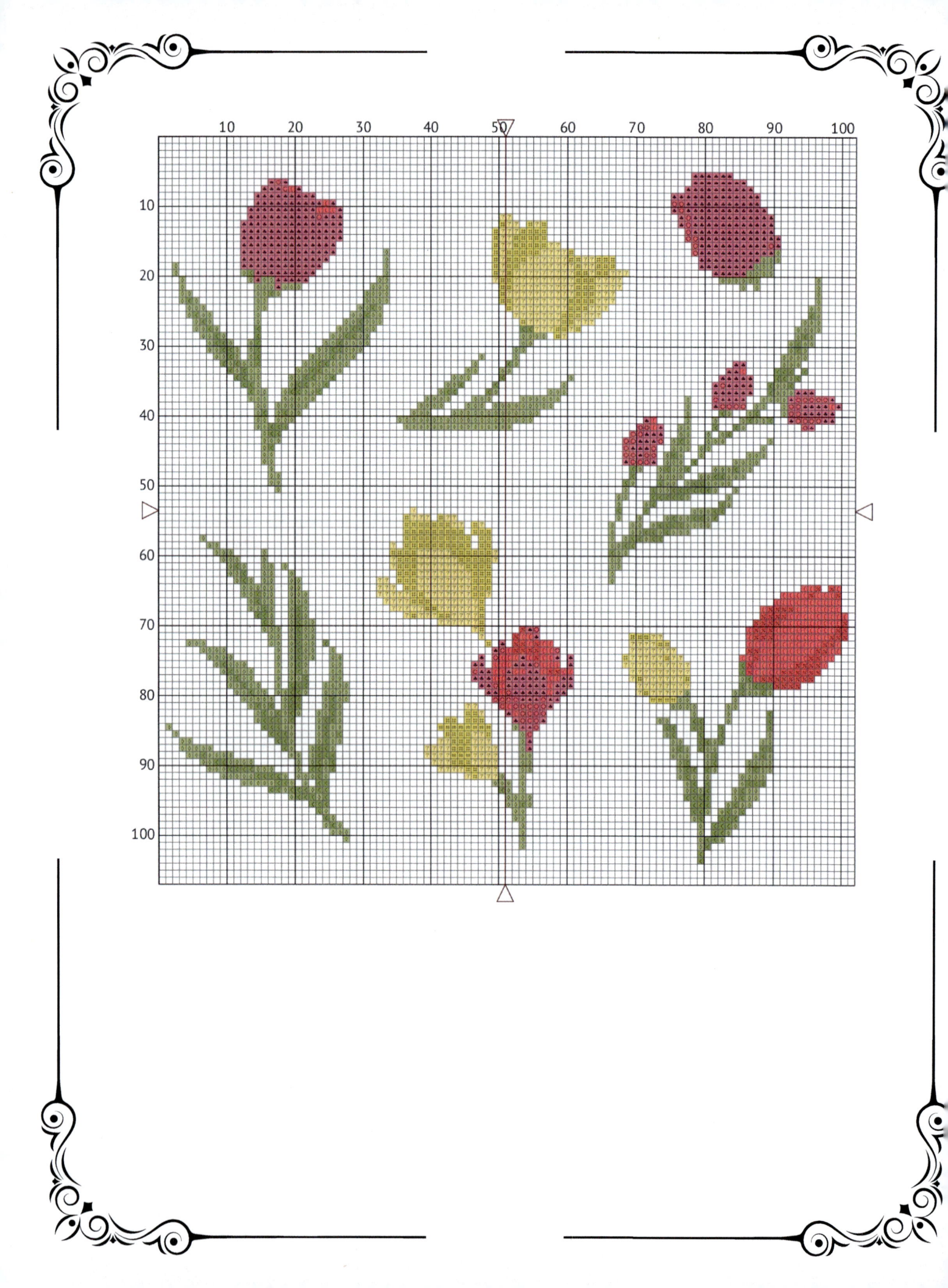

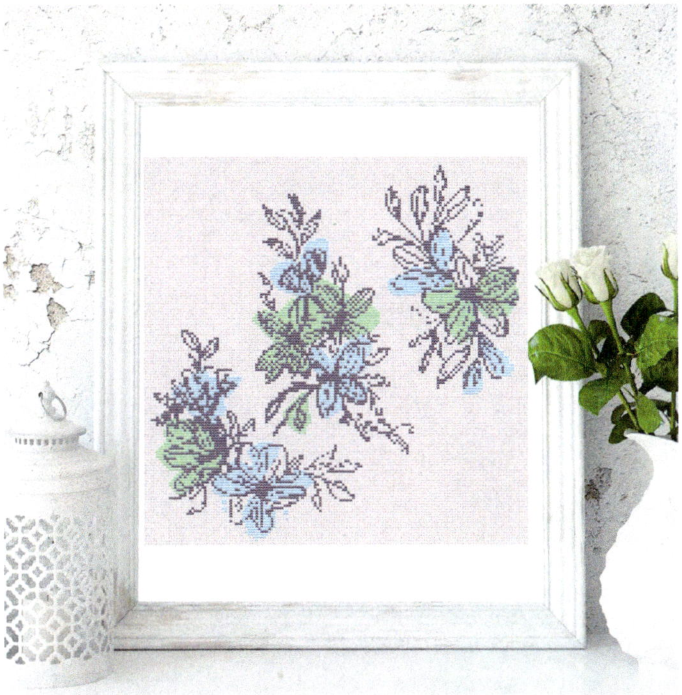

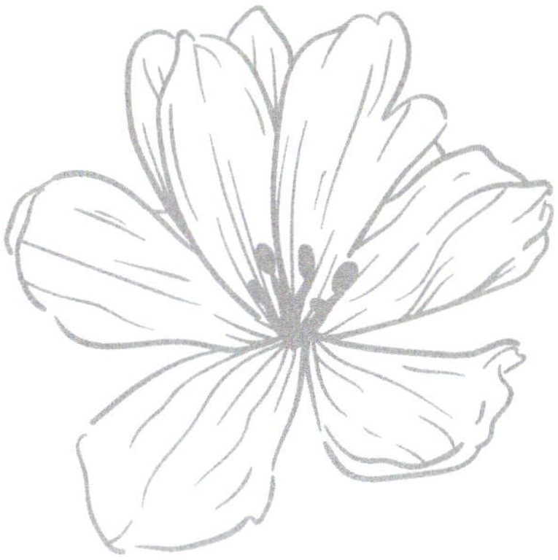

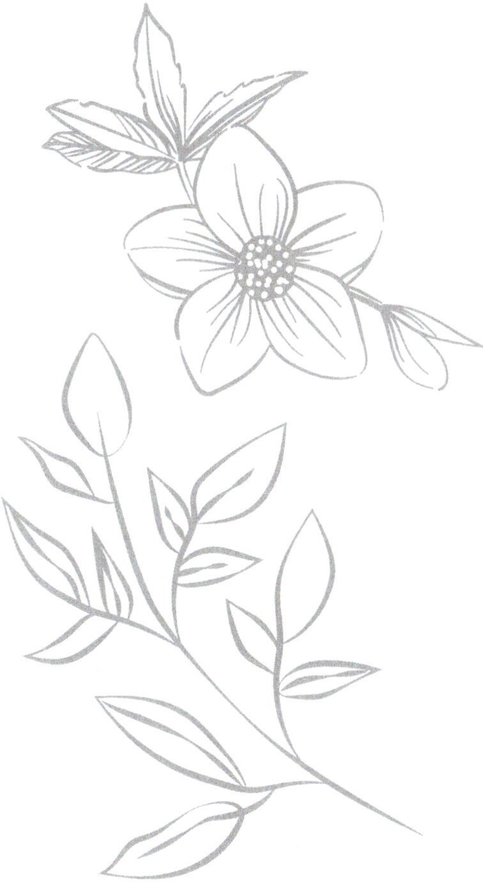

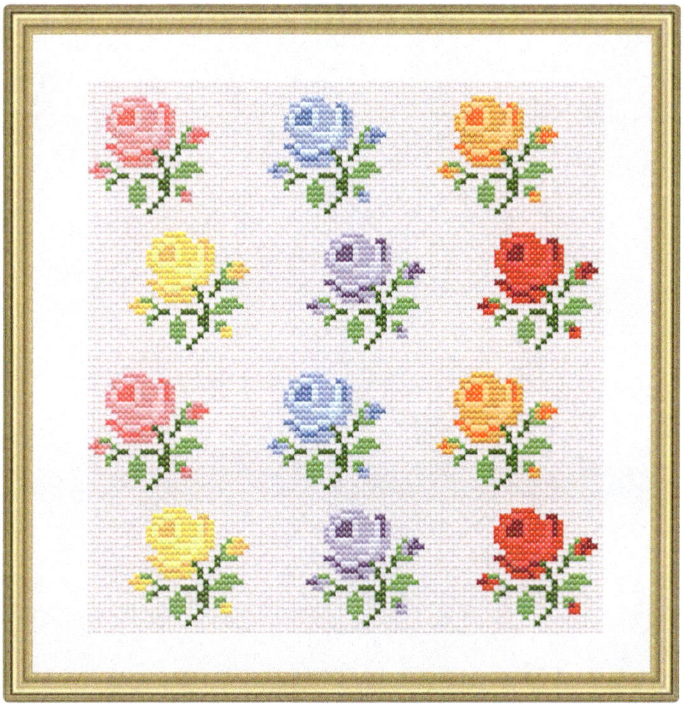

Design size: 100 x 100 stitches

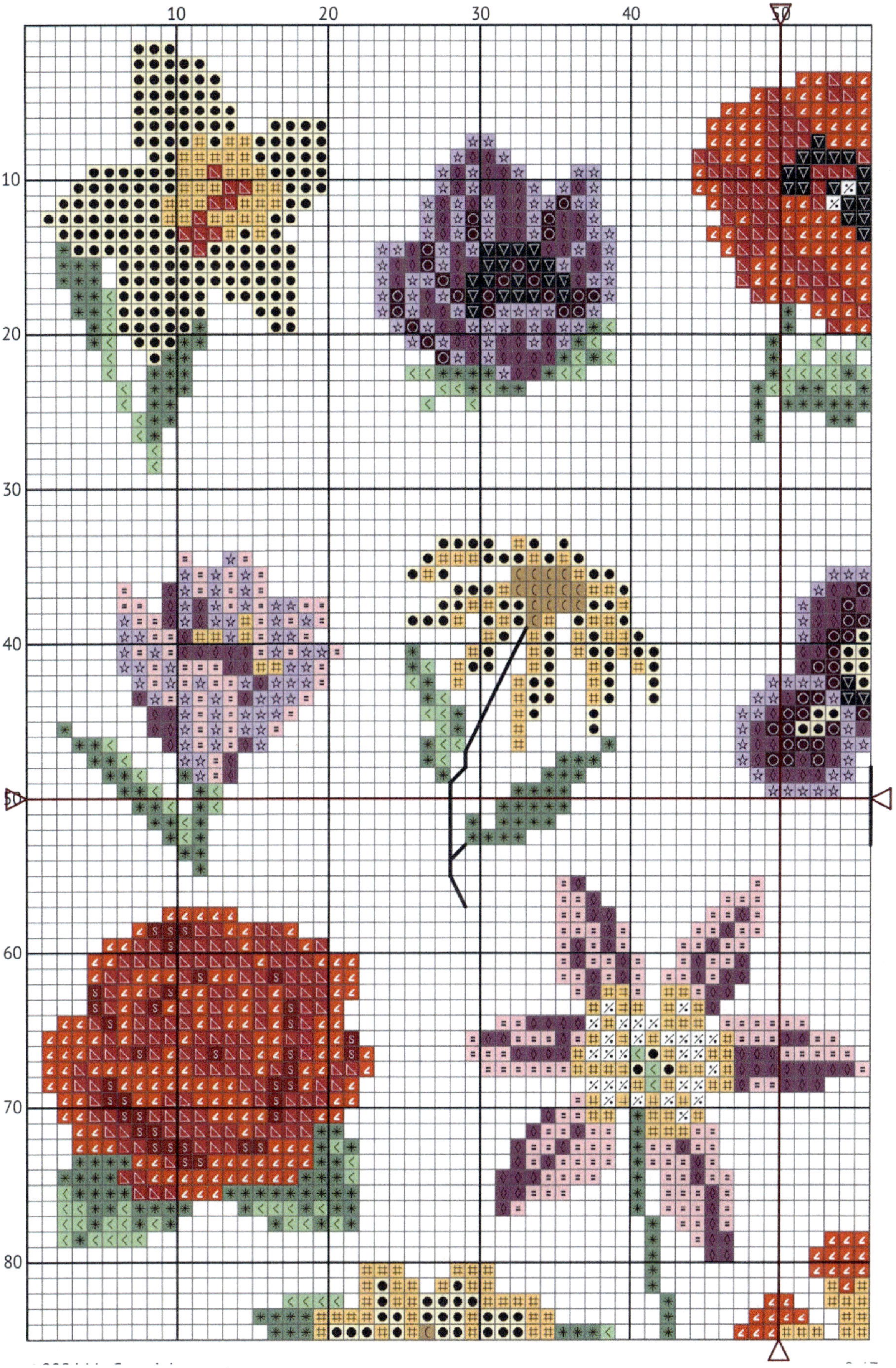

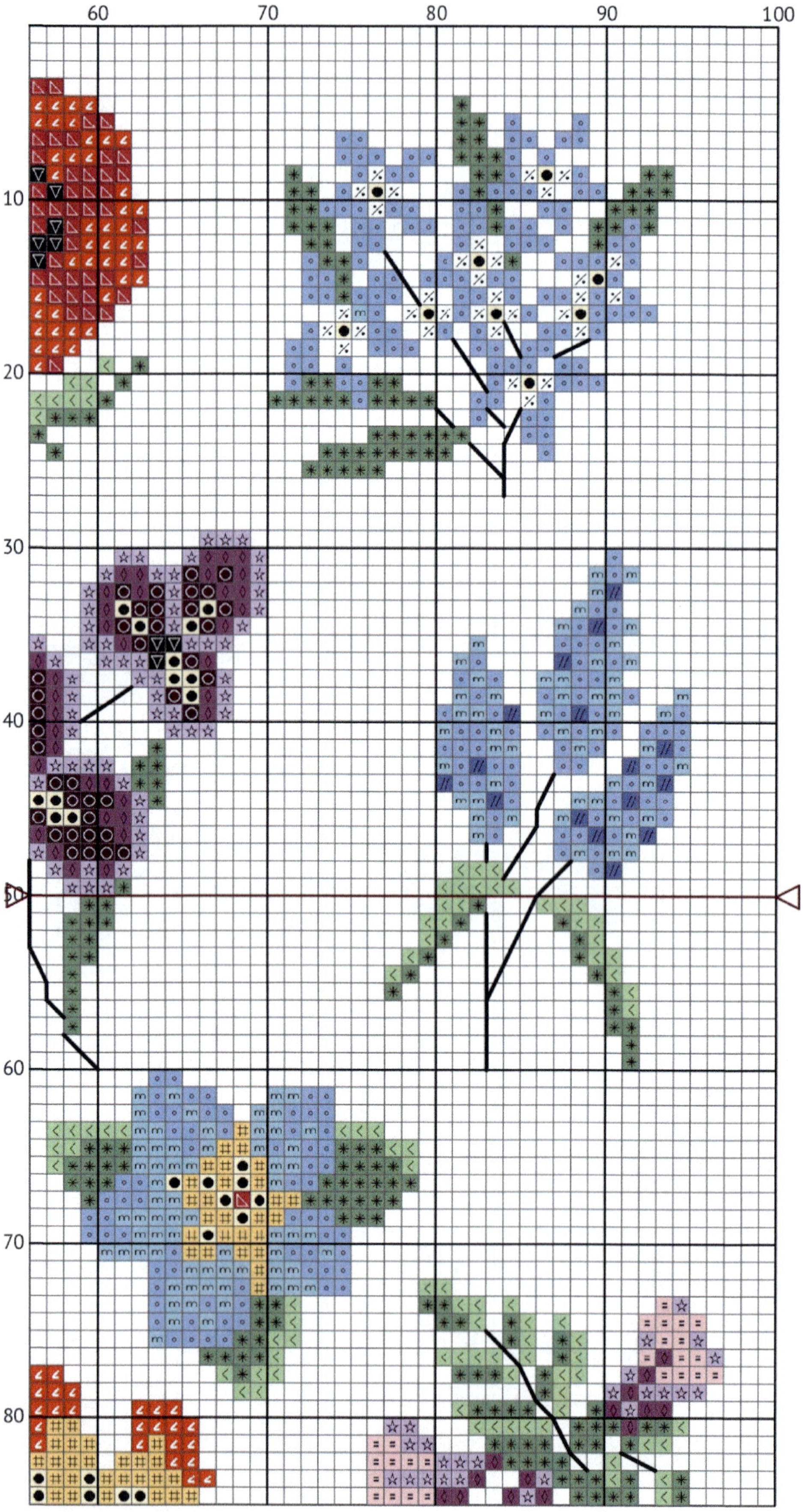

60
70
80
90
100
10
20
30
40
50
60
70
80

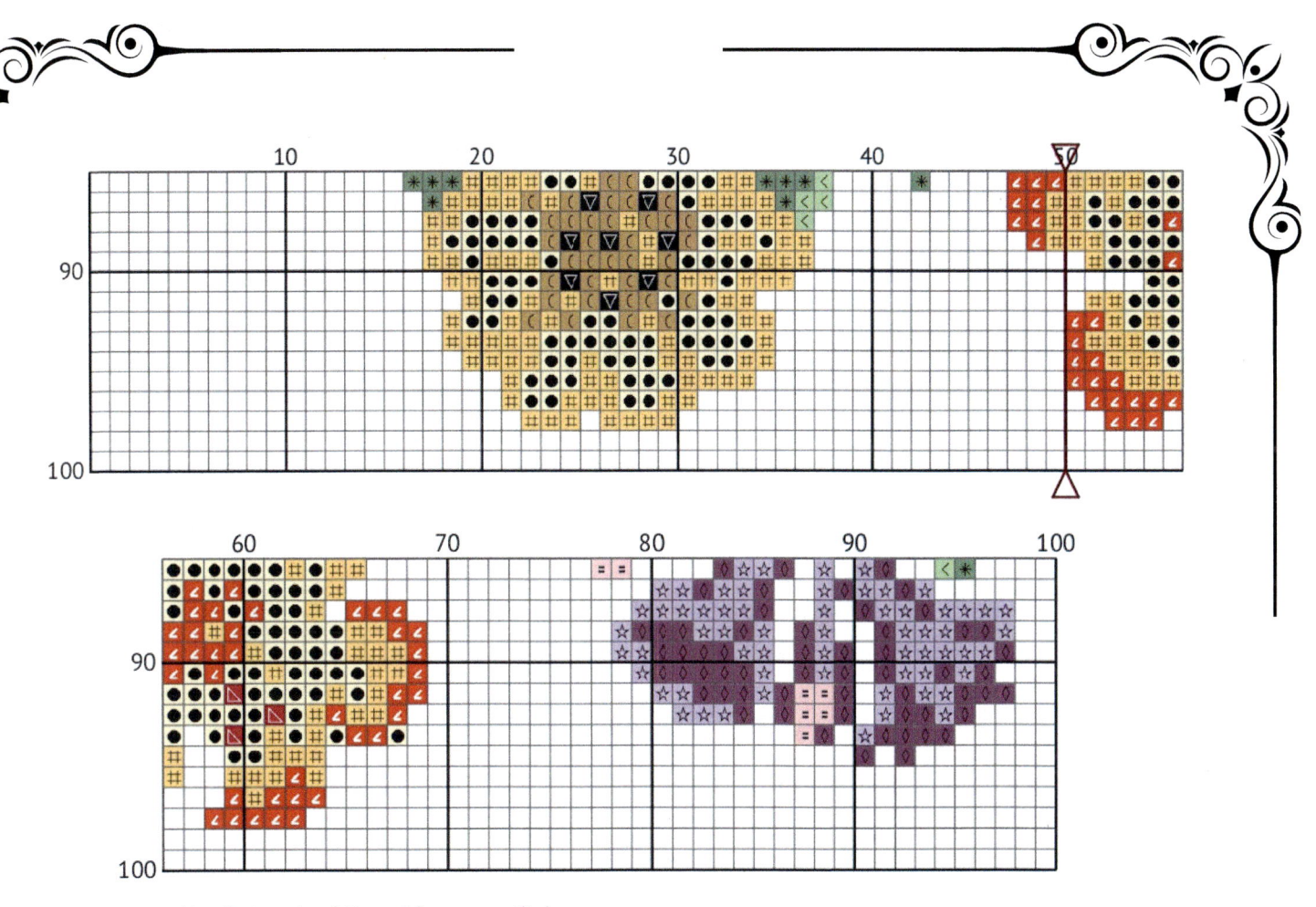

Use 2 strands of thread for cross stitch

| N | Symbol | | Number | Name | Stitches |
|---|---|---|---|---|---|
| 1 | ✼ | ✼ | DMC B5200 | Snow White | 62 |
| 2 | # | # | DMC 19 | Autumn Gold - Medium Light | 370 |
| 3 | ○ | ○ | DMC 154 | Grape - Very Dark | 86 |
| 4 | ○ | ○ | DMC 157 | Cornflower Blue - Very Light | 264 |
| 5 | < | < | DMC 164 | Forest Green - Light | 186 |
| 6 | ☆ | ☆ | DMC 211 | Lavender - Light | 317 |
| 7 | △ | △ | DMC 304 | Red - Medium | 241 |
| 8 | ▽ | ▽ | DMC 310 | Black | 56 |
| 9 | ✳ | ✳ | DMC 320 | Pistachio Green - Medium | 404 |
| 10 | // | // | DMC 322 | Baby Blue - Dark | 16 |
| 11 | ● | ● | DMC 746 | Off White | 454 |
| 12 | S | S | DMC 777 | Raspberry - Very Dark | 37 |
| 13 | ∠ | ∠ | DMC 900 | Burnt Orange - Dark | 373 |
| 14 | = | = | DMC 963 | Dusty Rose - Ultra Very Light | 215 |
| 15 | ( | ( | DMC 3045 | Yellow Beige - Dark | 51 |
| 16 | m | m | DMC 3761 | Sky Blue - Light | 121 |
| 17 | ◊ | ◊ | DMC 3835 | Grape - Medium | 288 |

Design size: 90 x 48 stitches

Use 2 strands of thread for cross stitch

| N | Symbol | | Number | Name | Stitches |
|---|---|---|---|---|---|
| 1 | ⌐ | ⌐ | DMC 11 | Tender Green - Light | 28 |
| 2 | M | M | DMC 19 | Autumn Gold - Medium Light | 28 |
| 3 | ♥ | ♥ | DMC 25 | Lavender - Ultra Light | 28 |
| 4 | ▲ | △ | DMC 150 | Dusty Rose - Ultra Very Dark | 31 |
| 5 | ↑ | ↑ | DMC 211 | Lavender - Light | 71 |
| 6 | S | S | DMC 341 | Blue Violet - Light | 76 |
| 7 | > | > | DMC 553 | Violet | 31 |
| 8 | T | T | DMC 666 | Red - Bright | 71 |
| 9 | # | # | DMC 703 | Chartreuse | 222 |
| 10 | × | × | DMC 725 | Topaz - Medium Light | 32 |
| 11 | ⧖ | ⧖ | DMC 799 | Delft Blue - Medium | 26 |
| 12 | ♣ | ♣ | DMC 892 | Carnation - Medium | 28 |
| 13 | ( | ( | DMC 905 | Parrot Green - Dark | 132 |
| 14 | ♦ | ♦ | DMC 947 | Burnt Orange | 26 |
| 15 | ♡ | ♡ | DMC 963 | Dusty Rose - Ultra Very Light | 28 |
| 16 | ★ | ★ | DMC 972 | Canary - Deep | 77 |
| 17 | = | = | DMC 973 | Canary - Bright | 70 |
| 18 | ∠ | ∠ | DMC 3326 | Rose - Light | 76 |
| 19 | ♣ | ♣ | DMC 3706 | Melon - Medium | 26 |
| 20 | // | // | DMC 3753 | Antique Blue - Ultra Very Light | 28 |

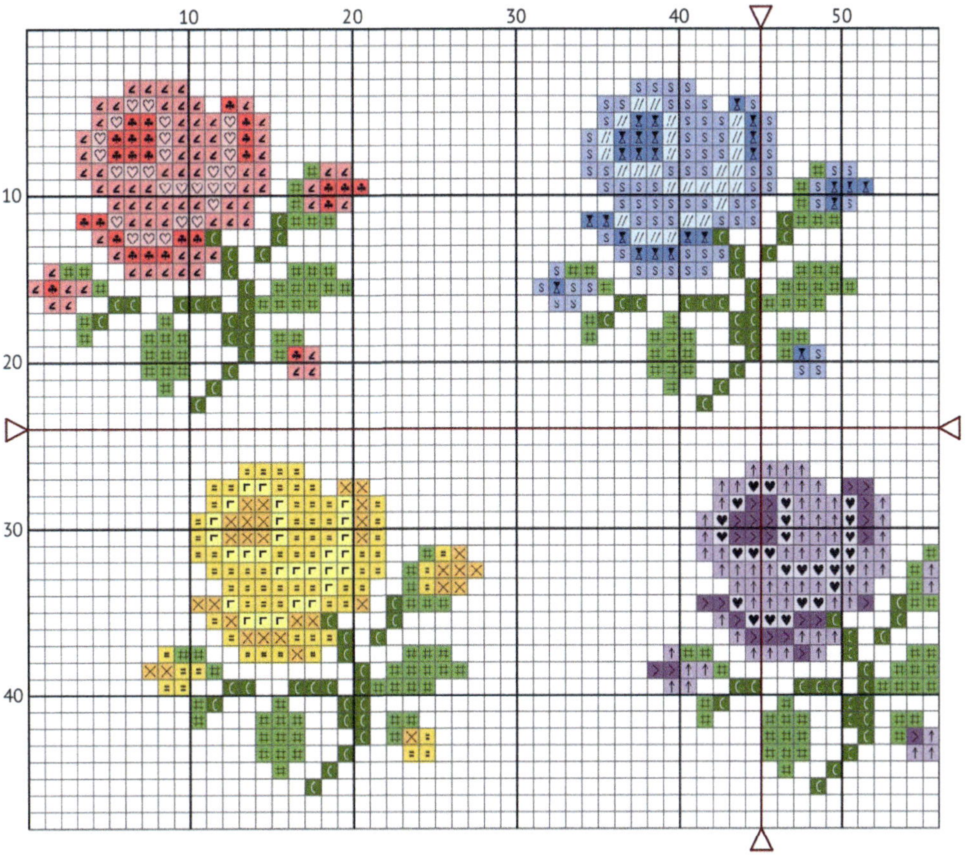
10
20
30
40
50
10
20
30
40

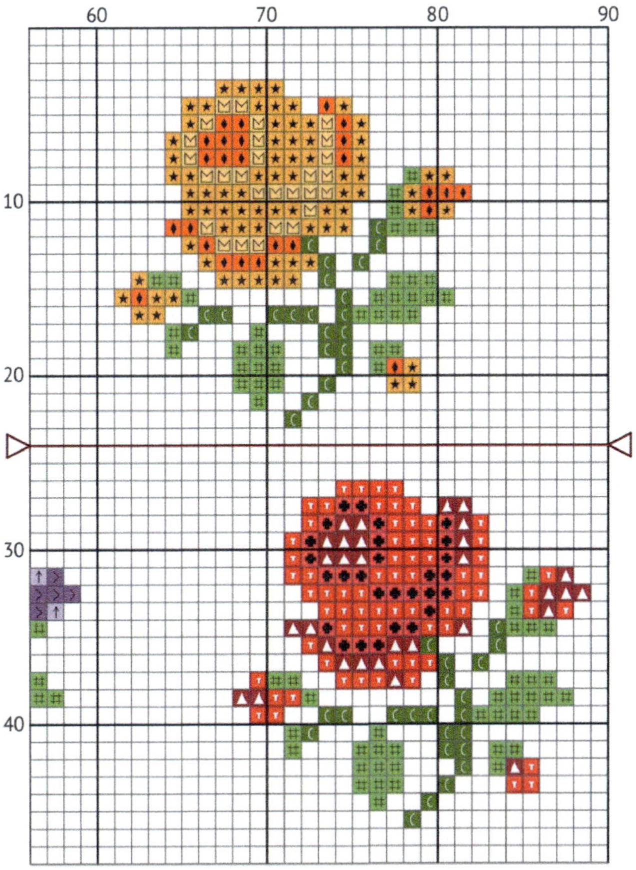
60
70
80
90
10
20
30
40

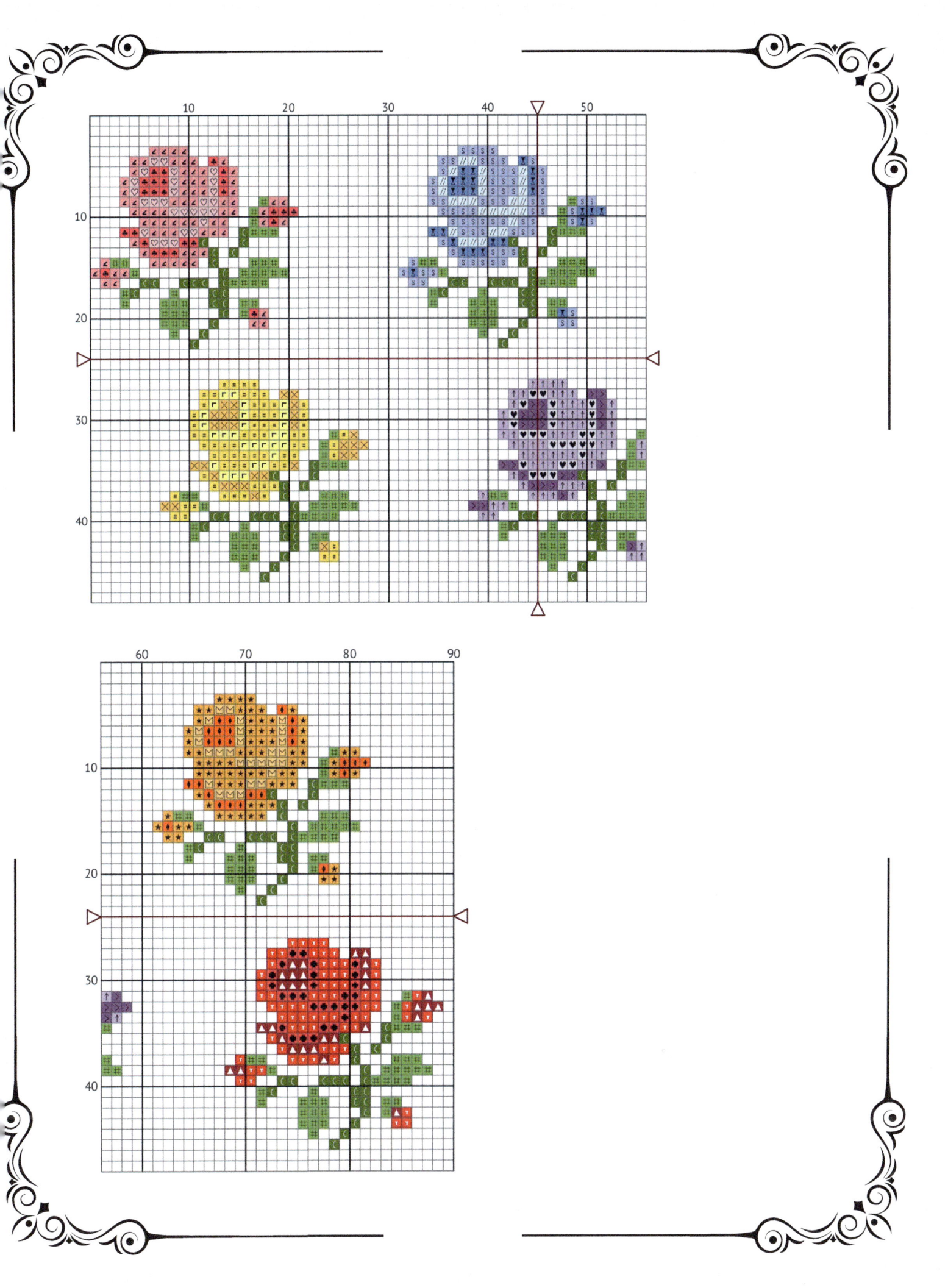

# Floral Borders: Stylish and Detailed Cross-Stitch Designs

---

# Bordes en Flor: Patrones de Cenefas para Bordado en Punto de Cruz

Design size: 145 x 125 stitches

Use 2 strands of thread for cross stitch

| N | Symbol | Number | Name | Stitches |
|---|---|---|---|---|
| 1 | ♣ | DMC 307 | Lemon | 1998 |
| 2 | o | DMC 444 | Lemon - Dark | 1288 |
| 3 | m | DMC 829 | Golden Olive - Very Dark | 312 |
| 4 | ■ | DMC 906 | Parrot Green - Medium | 734 |
| 5 | ✛ | DMC 909 | Emerald Green - Very Dark | 1128 |
| 1 | —— | DMC 310 | Black | 196 |

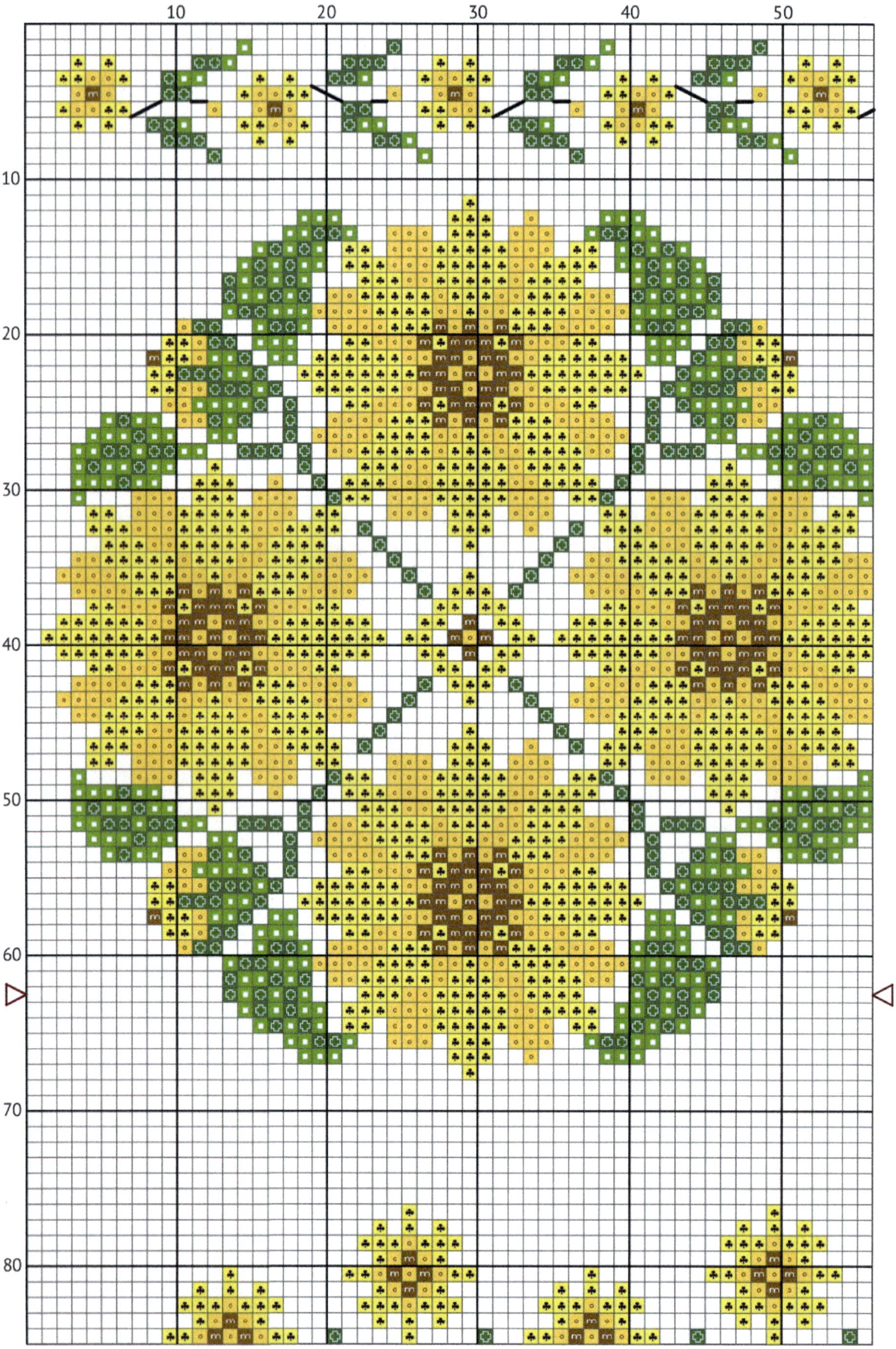
10
20
30
40
50
10
20
30
40
50
60
70
80

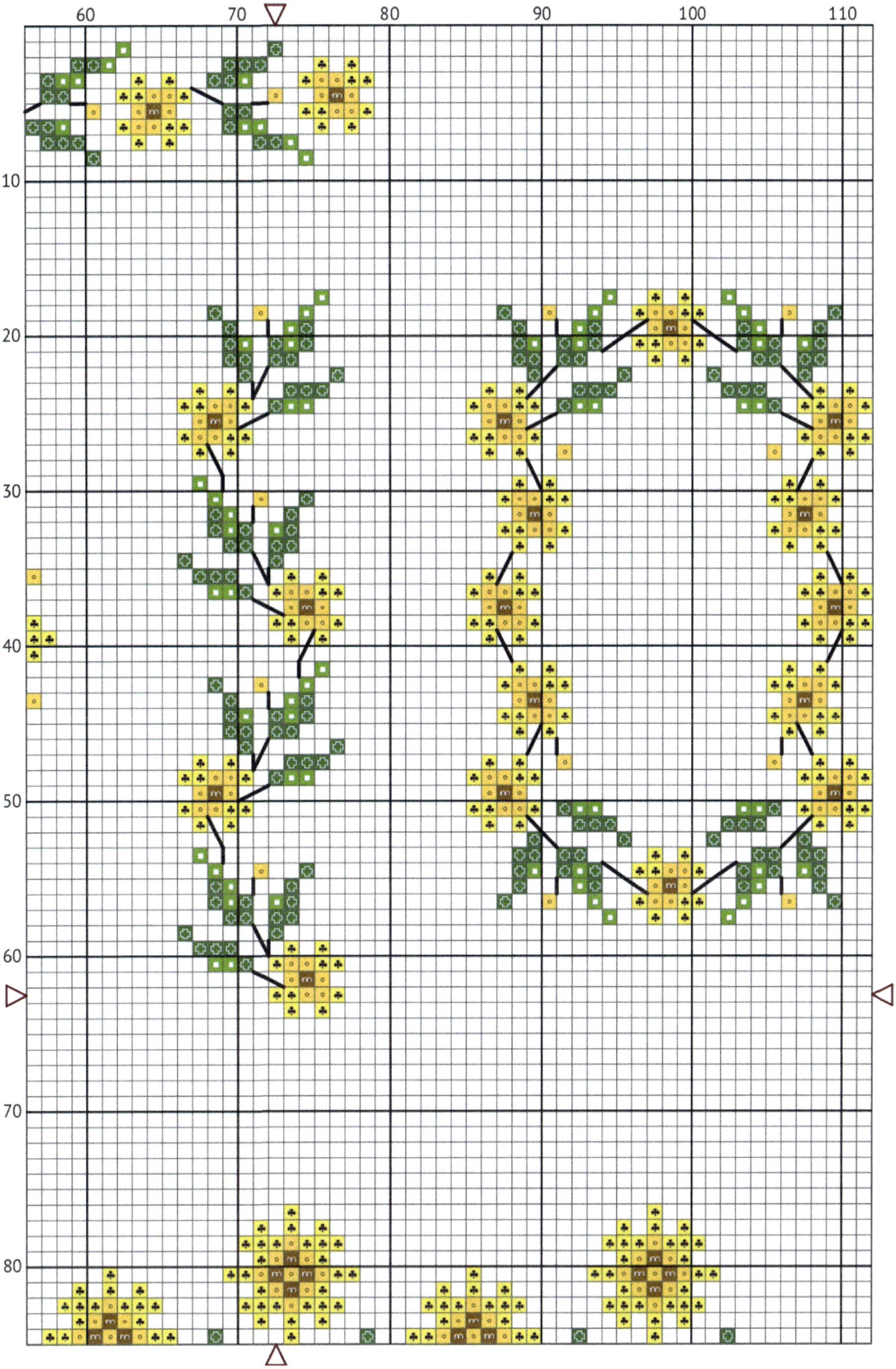
60
70
80
90
100
110
10
20
30
40
50
60
70
80

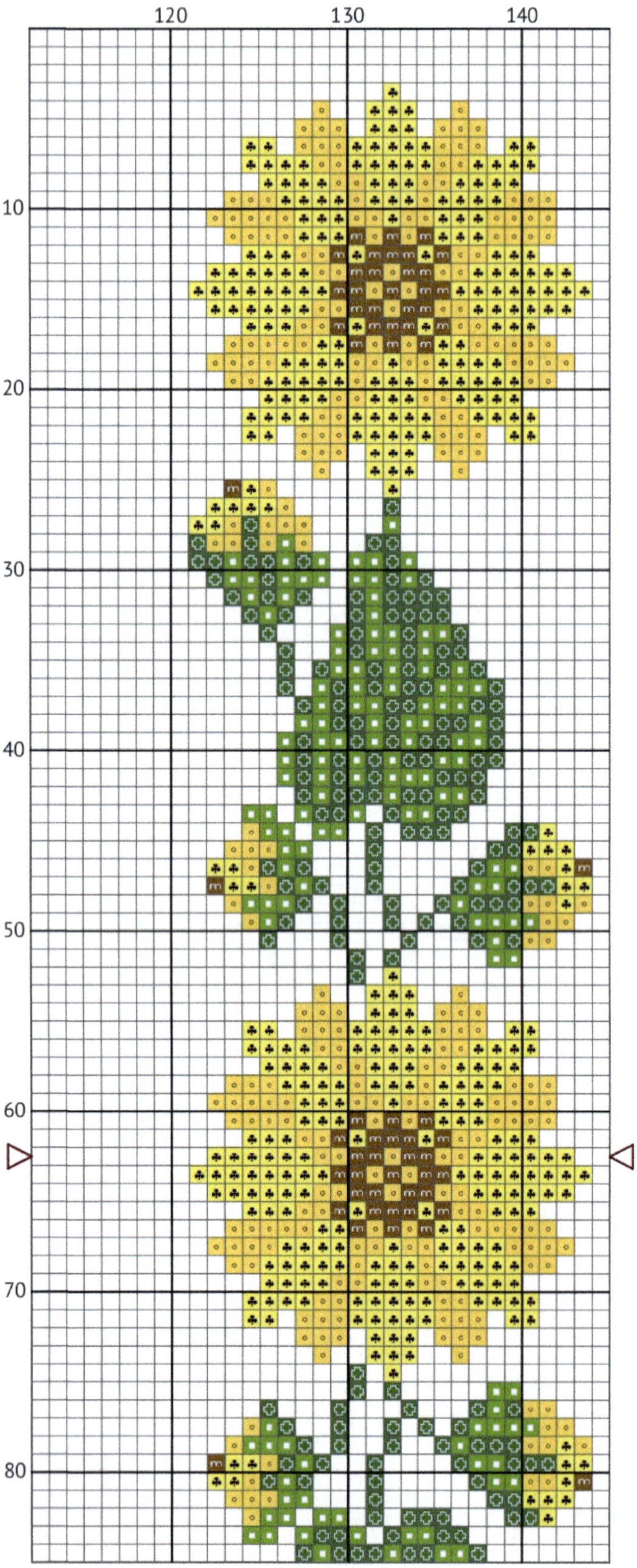

120
130
140
10
20
30
40
50
60
70
80


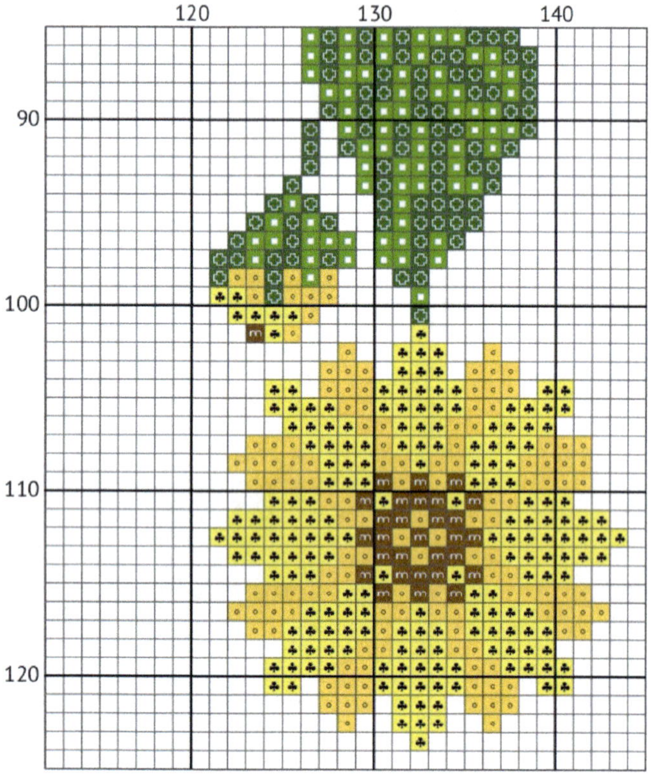

120
130
140
90
100
110
120

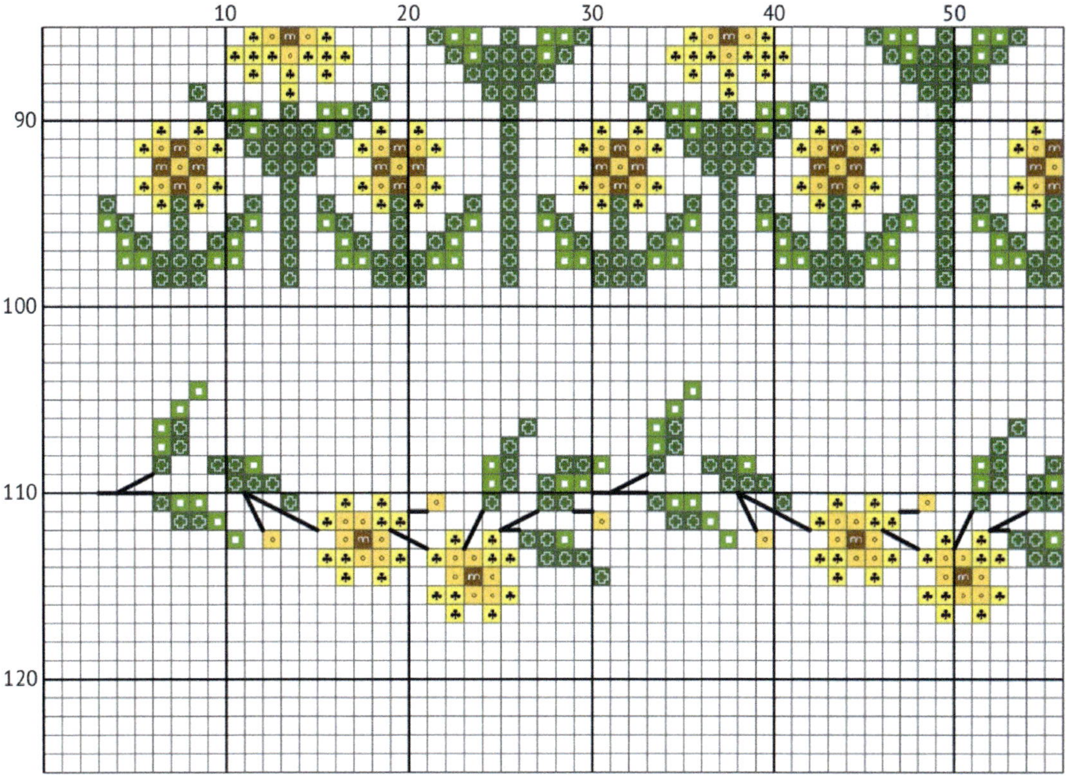
10
20
30
40
50
90
100
110
120

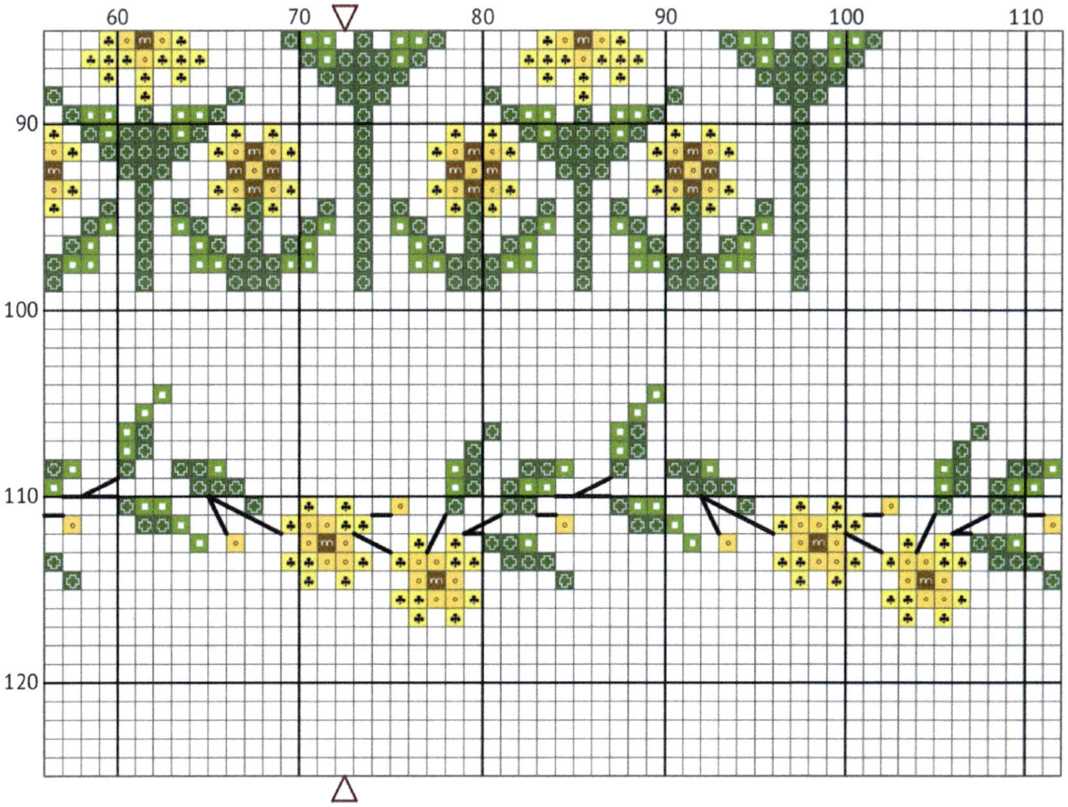
60
70
80
90
100
110
90
100
110
120

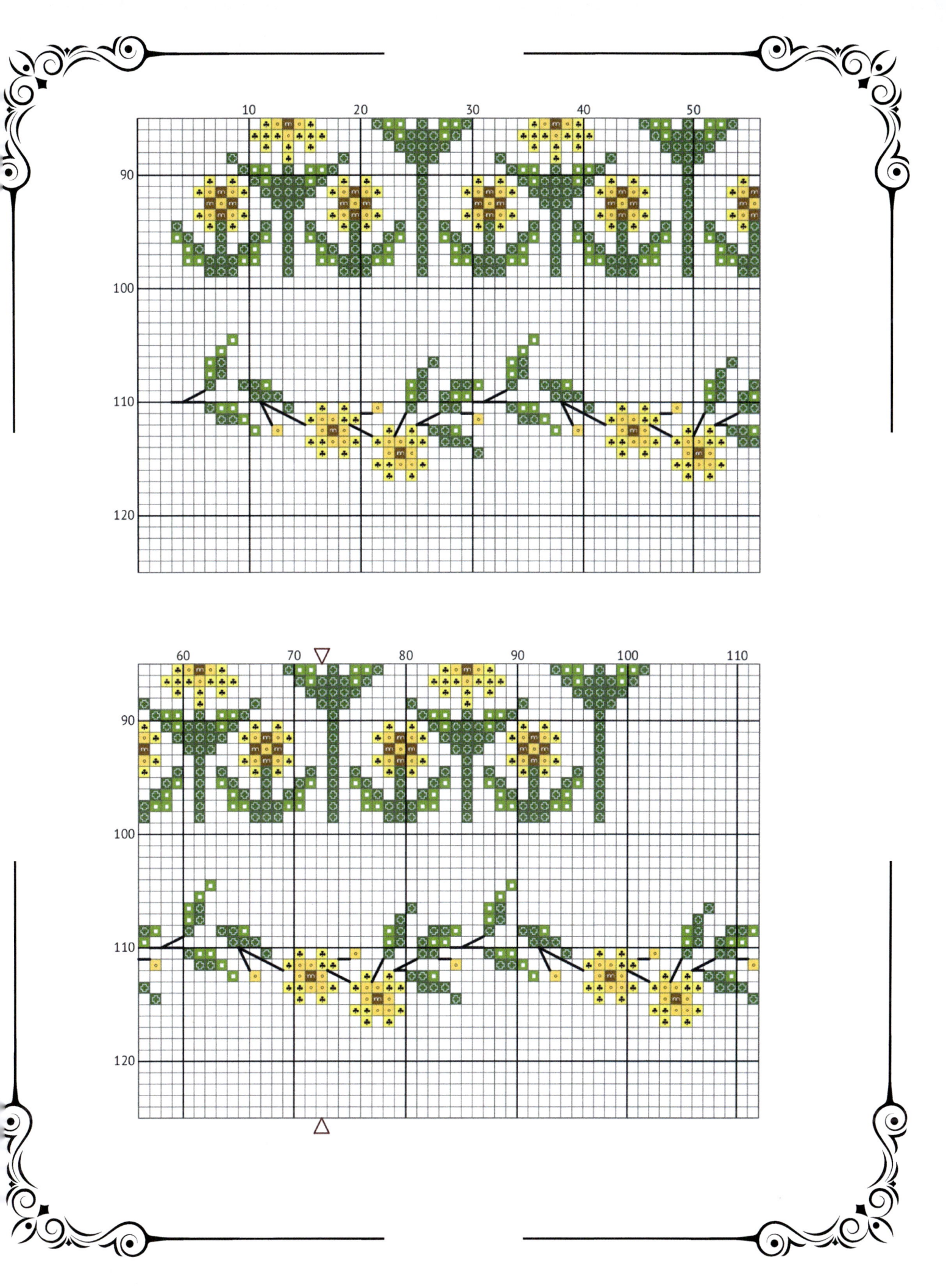

Design size: 130 x 98 stitches

Use 2 strands of thread for cross stitch

| N | Symbol | | Number | Name | Stitches |
|---|---|---|---|---|---|
| 1 | ✶ | ✶ | DMC 310 | Black | 163 |
| 2 | # | # | DMC 472 | Avocado Green - Ultra Light | 364 |
| 3 | ◄ | ◄ | DMC 543 | Beige - Ultra Very Light | 260 |
| 4 | ✧ | ✧ | DMC 744 | Yellow - Pale | 105 |
| 5 | ⌂ | ⌂ | DMC 828 | Sky Blue - Ultra Very Light | 144 |
| 6 | ✣ | ✣ | DMC 841 | Beige Brown - Light | 242 |
| 7 | S | S | DMC 922 | Copper - Light | 425 |
| 8 | O | O | DMC 3347 | Yellow Green - Medium | 228 |
| 9 | 7 | 7 | DMC 3689 | Mauve - Light | 211 |
| 10 | ∩ | ∩ | DMC 3721 | Shell Pink - Dark | 477 |
| 11 | ⟨ | ⟨ | DMC 3760 | Wedgwood - Medium | 213 |
| 12 | △ | △ | DMC 3827 | Golden Brown - Pale | 304 |
| 13 | ✾ | ✾ | DMC 3832 | Raspberry - Medium | 122 |
| 14 | ♁ | ♁ | DMC 3842 | Wedgwood - Very Dark | 170 |
| 15 | ▌ | ▌ | DMC 3846 | Bright Turquoise - Light | 363 |
| 1 | ─── | | DMC 310 | Black | 1044 |

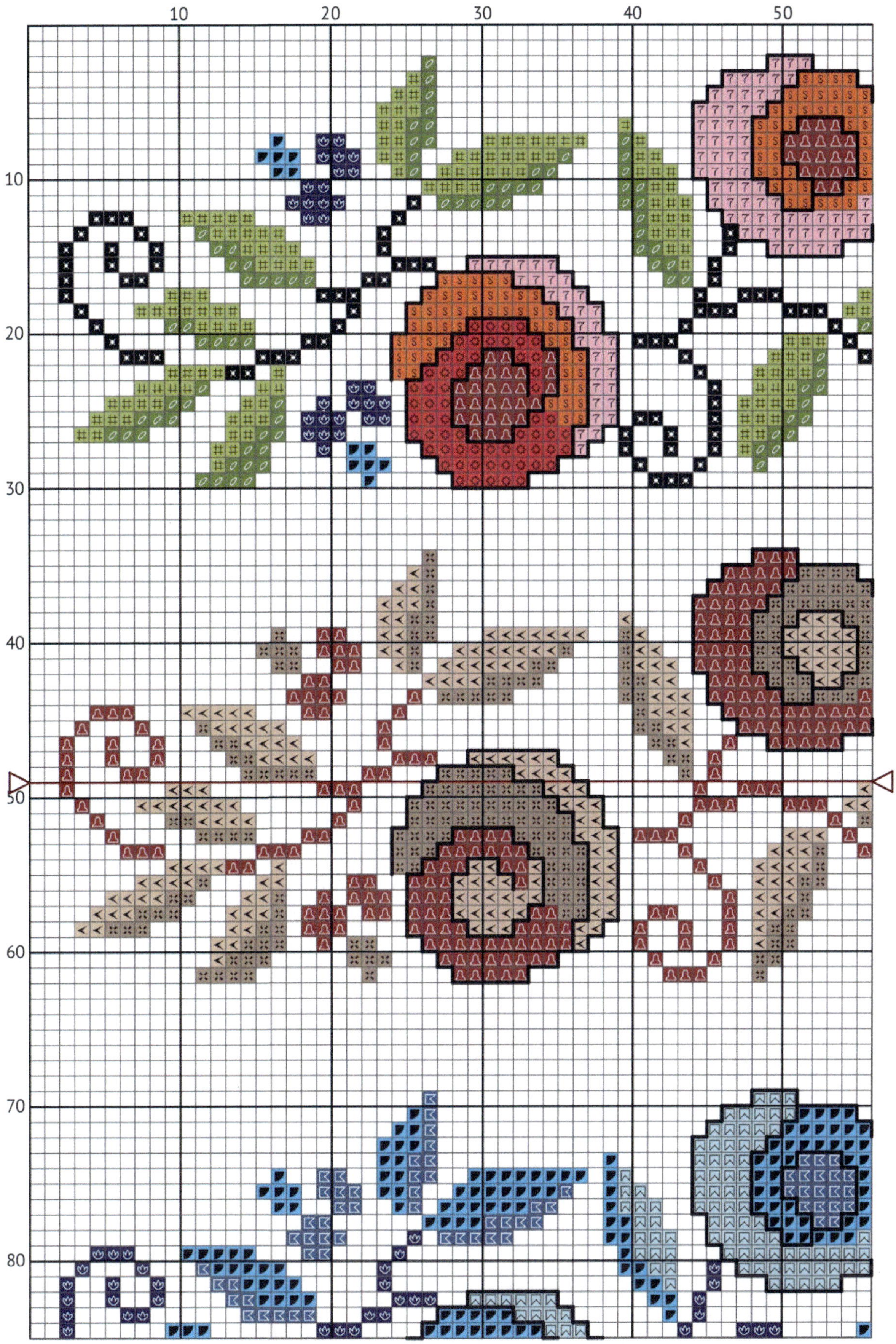
10
20
30
40
50
10
20
30
40
50
60
70
80

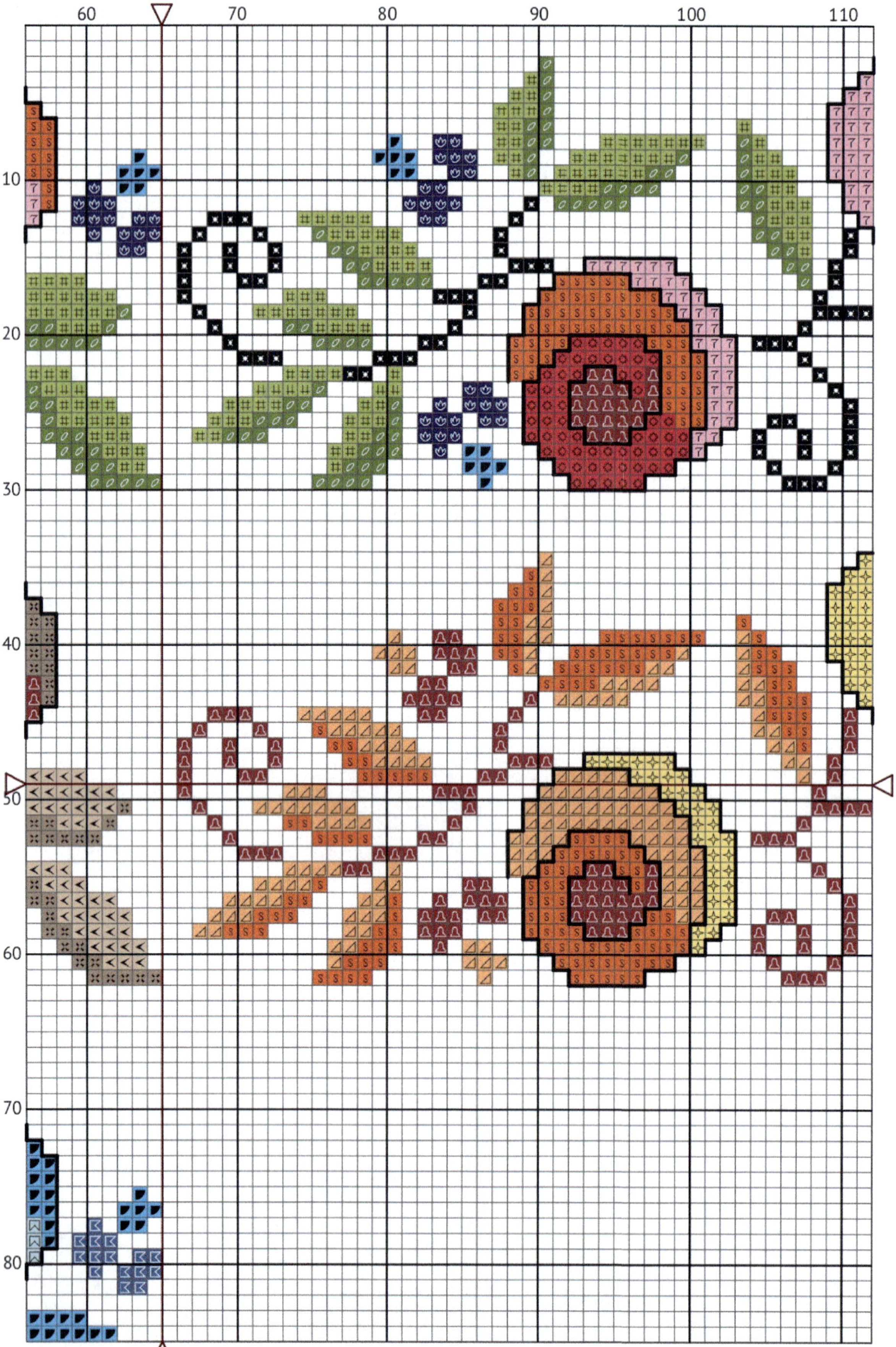
60
70
80
90
100
110
10
20
30
40
50
60
70
80

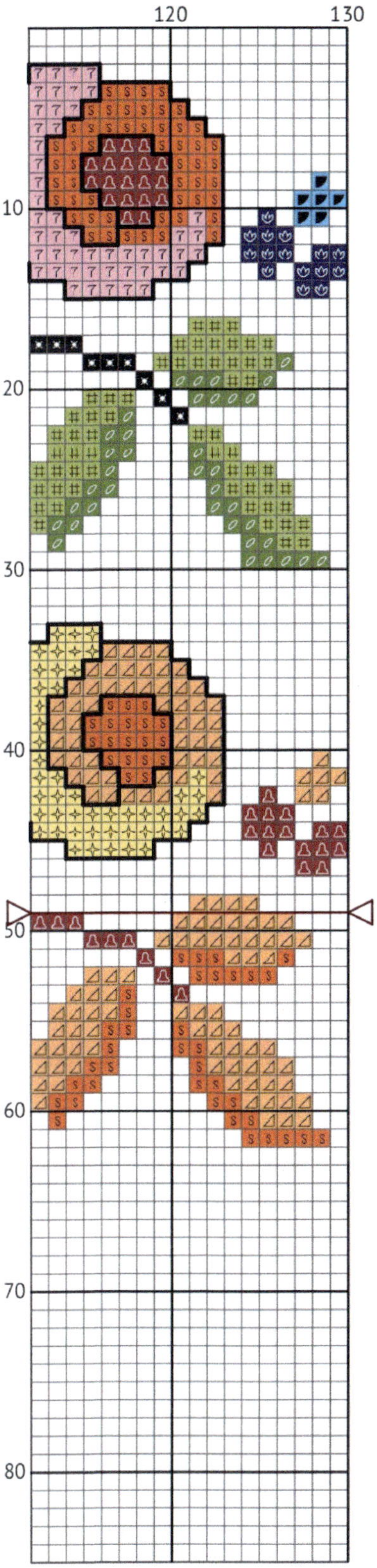
120
130
10
20
30
40
50
60
70
80

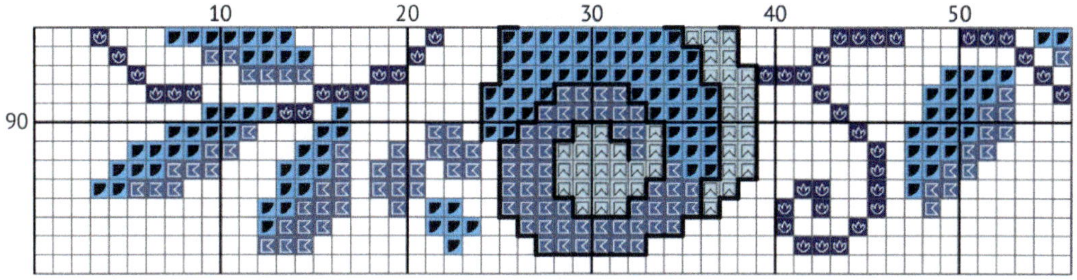
10
20
30
40
50
90

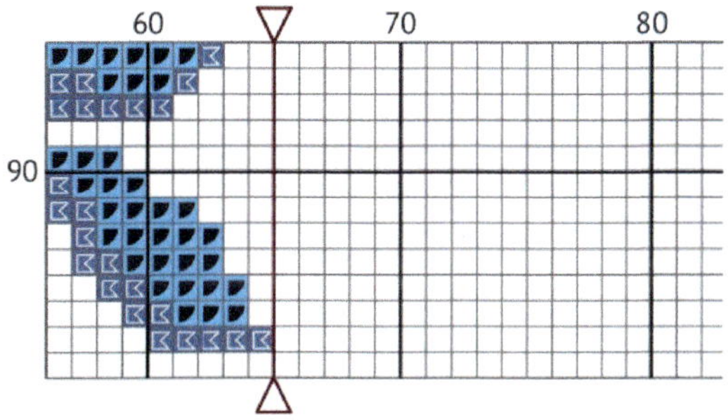
60
70
80
90

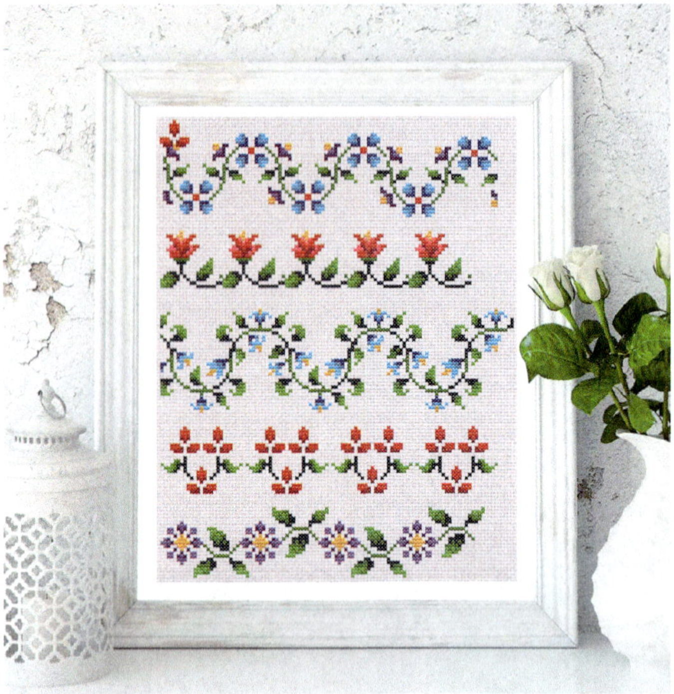

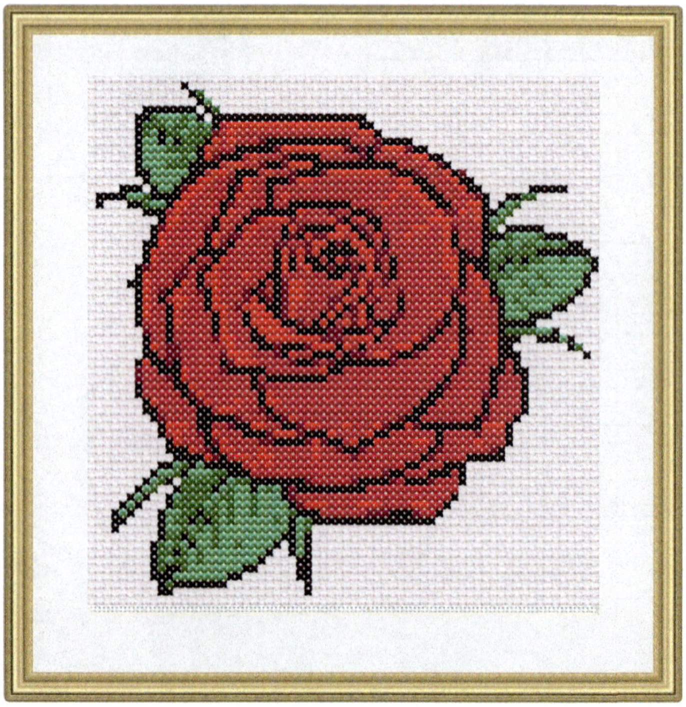

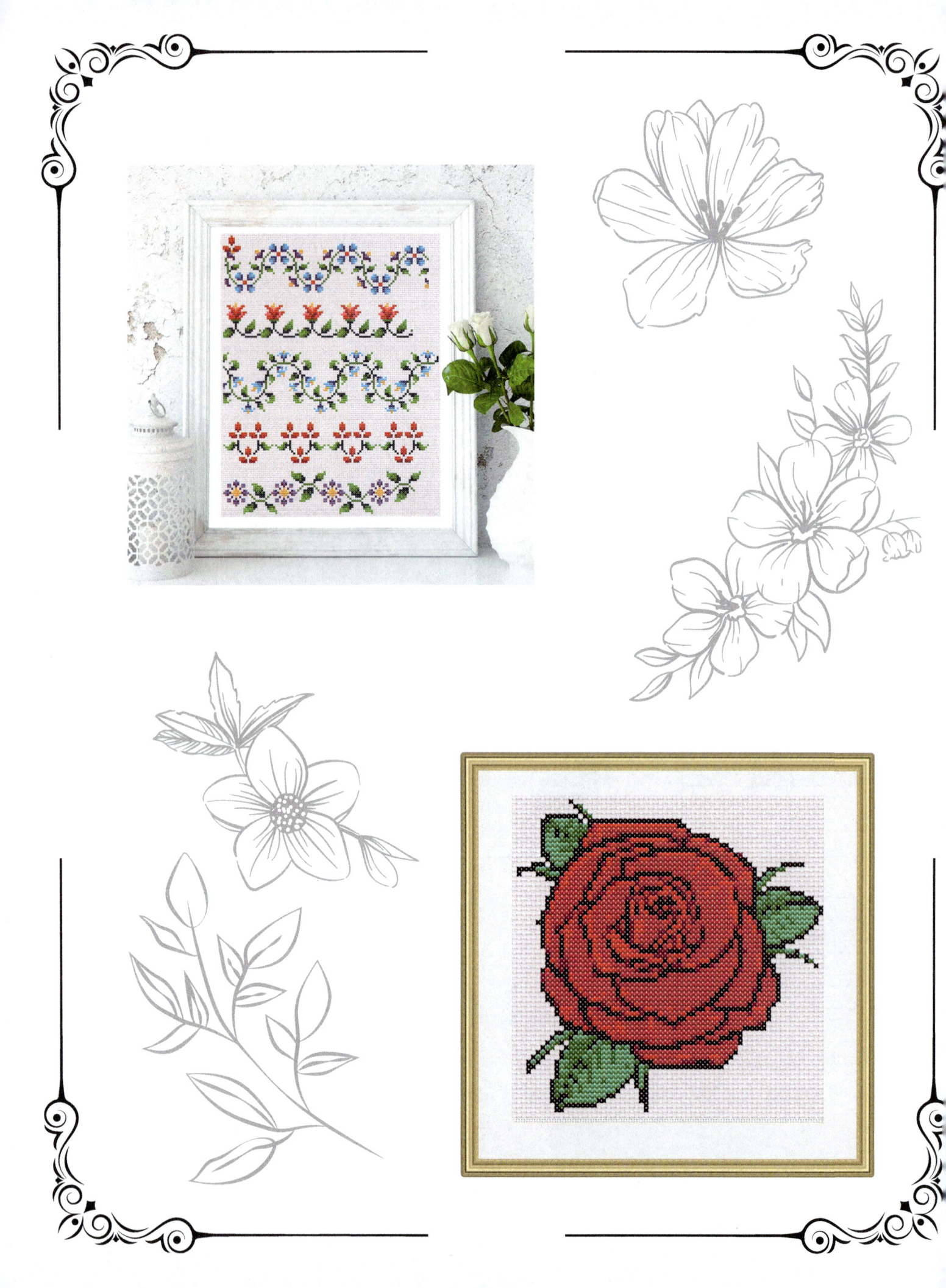

Design size: 112 x 140 stitches

Use 2 strands of thread for cross stitch

| N | Symbol | | Number | Name | Stitches |
|---|---|---|---|---|---|
| 1 | m | m | DMC 310 | Black | 610 |
| 2 | = | = | DMC 518 | Wedgwood - Light | 169 |
| 3 | ✚ | ✚ | DMC 550 | Violet - Very Dark | 143 |
| 4 | ■ | ■ | DMC 553 | Violet | 171 |
| 5 | ☆ | ☆ | DMC 792 | Cornflower Blue - Dark | 178 |
| 6 | ⌐ | ⌐ | DMC 816 | Garnet | 178 |
| 7 | 7 | 7 | DMC 817 | Coral Red - Very Dark | 429 |
| 8 | ∠ | ∠ | DMC 905 | Parrot Green - Dark | 687 |
| 9 | o | o | DMC 906 | Parrot Green - Medium | 394 |
| 10 | ✻ | ✻ | DMC 956 | Geranium | 50 |
| 11 | ▽ | ▽ | DMC 972 | Canary - Deep | 153 |
| 12 | ◊ | ◊ | DMC 3846 | Bright Turquoise - Light | 216 |

10 20 30 40 50 60 70 80 90 100 110
10 20 30 40 50 60 70 80 90 100 110 120 130 140

Design size: 125 x 139 stitches

Use 2 strands of thread for cross stitch

| N | Symbol | | Number | Name | Stitches |
|---|---|---|---|---|---|
| 1 | = | = | DMC 34 | Fuchsia - Dark | 632 |
| 2 | ▽ | ▽ | DMC 209 | Lavender - Dark | 116 |
| 3 | o | o | DMC 304 | Red - Medium | 522 |
| 4 | ◇ | ◇ | DMC 742 | Tangerine - Light | 248 |
| 5 | m | m | DMC 761 | Salmon - Light | 300 |
| 6 | ✤ | ✤ | DMC 818 | Baby Pink | 120 |
| 7 | ∠ | ∠ | DMC 905 | Parrot Green - Dark | 927 |
| 8 | ■ | ■ | DMC 906 | Parrot Green - Medium | 424 |
| 9 | ☆ | ☆ | DMC 3812 | Seagreen - Very Dark | 680 |

10 20 30 40 50 60 70 80 90 100 110 120
10 20 30 40 50 60 70 80 90 100 110 120 130

Design size: 125 x 135 stitches

Use 2 strands of thread for cross stitch

| N | Symbol | | Number | Name | Stitches |
|---|---|---|---|---|---|
| 1 | ▽ | ▽ | DMC B5200 | Snow White | 6 |
| 2 | ♣ | ♣ | DMC 307 | Lemon | 66 |
| 3 | ✤ | ✤ | DMC 335 | Rose | 313 |
| 4 | m | m | DMC 704 | Chartreuse - Bright | 1198 |
| 5 | ○ | ○ | DMC 761 | Salmon - Light | 459 |
| 6 | ∠ | ∠ | DMC 905 | Parrot Green - Dark | 1276 |
| 7 | = | = | DMC 3688 | Mauve - Medium | 468 |
| 8 | ◇ | ◇ | DMC 3803 | Mauve - Dark | 126 |
| 9 | ■ | ■ | DMC 3837 | Lavender - Ultra Dark | 393 |
| 1 | | | DMC B5200 | Snow White | 37 |

10 20 30 40 50 60 70 80 90 100 110 120
10 20 30 40 50 60 70 80 90 100 110 120 130

Design size: 112 x 85 stitches

Use 2 strands of thread for cross stitch

| N | Symbol | | Number | Name | Stitches |
|---|---|---|---|---|---|
| 1 | 7 | 7 | DMC 16 | Chartreuse - Light | 72 |
| 2 | = | = | DMC 34 | Fuchsia - Dark | 288 |
| 3 | ⌐ | ⌐ | DMC 740 | Tangerine | 270 |
| 4 | ■ | ■ | DMC 826 | Blue - Medium | 130 |
| 5 | ✛ | ✛ | DMC 913 | Nile Green - Medium | 118 |
| 6 | ✱ | ✱ | DMC 972 | Canary - Deep | 140 |
| 7 | ☆ | ☆ | DMC 3024 | Brown Gray - Very Light | 60 |
| 8 | o | o | DMC 3713 | Salmon - Very Light | 234 |
| 9 | ◇ | ◇ | DMC 3727 | Antique Mauve - Light | 128 |
| 10 | m | m | DMC 3804 | Cyclamen Pink - Dark | 167 |
| 11 | ▽ | ▽ | DMC 3845 | Bright Turquoise - Medium | 340 |

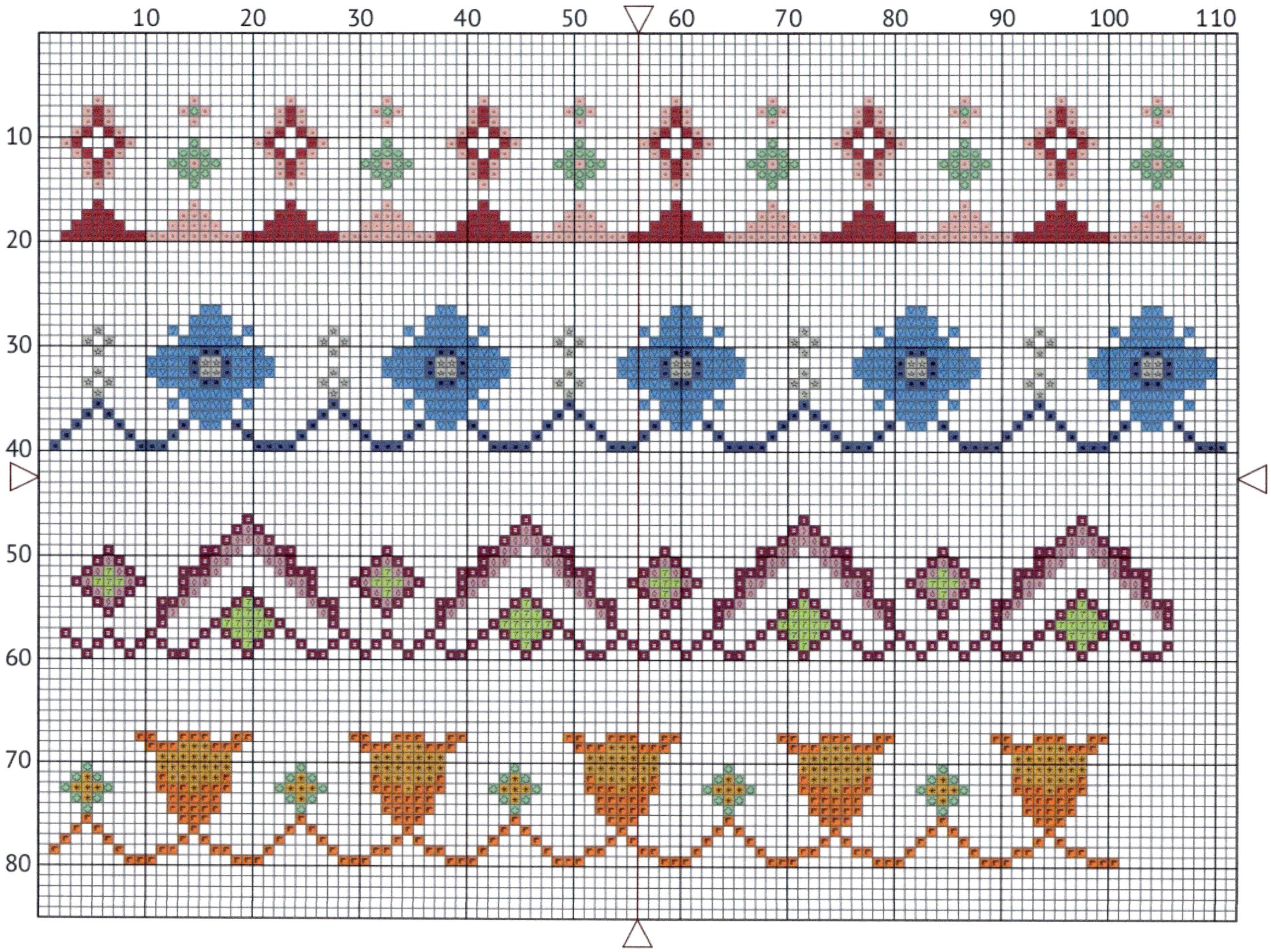

10
20
30
40
50
60
70
80
90
100
110
10
20
30
40
50
60
70
80

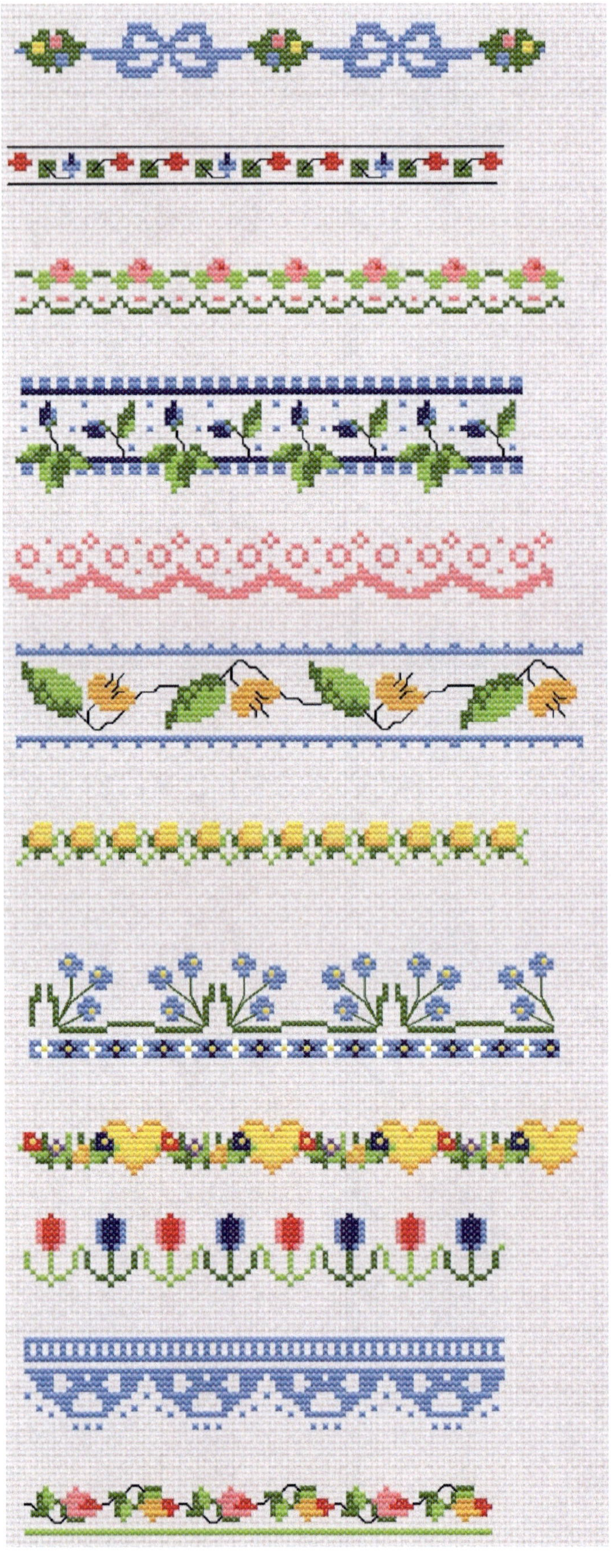

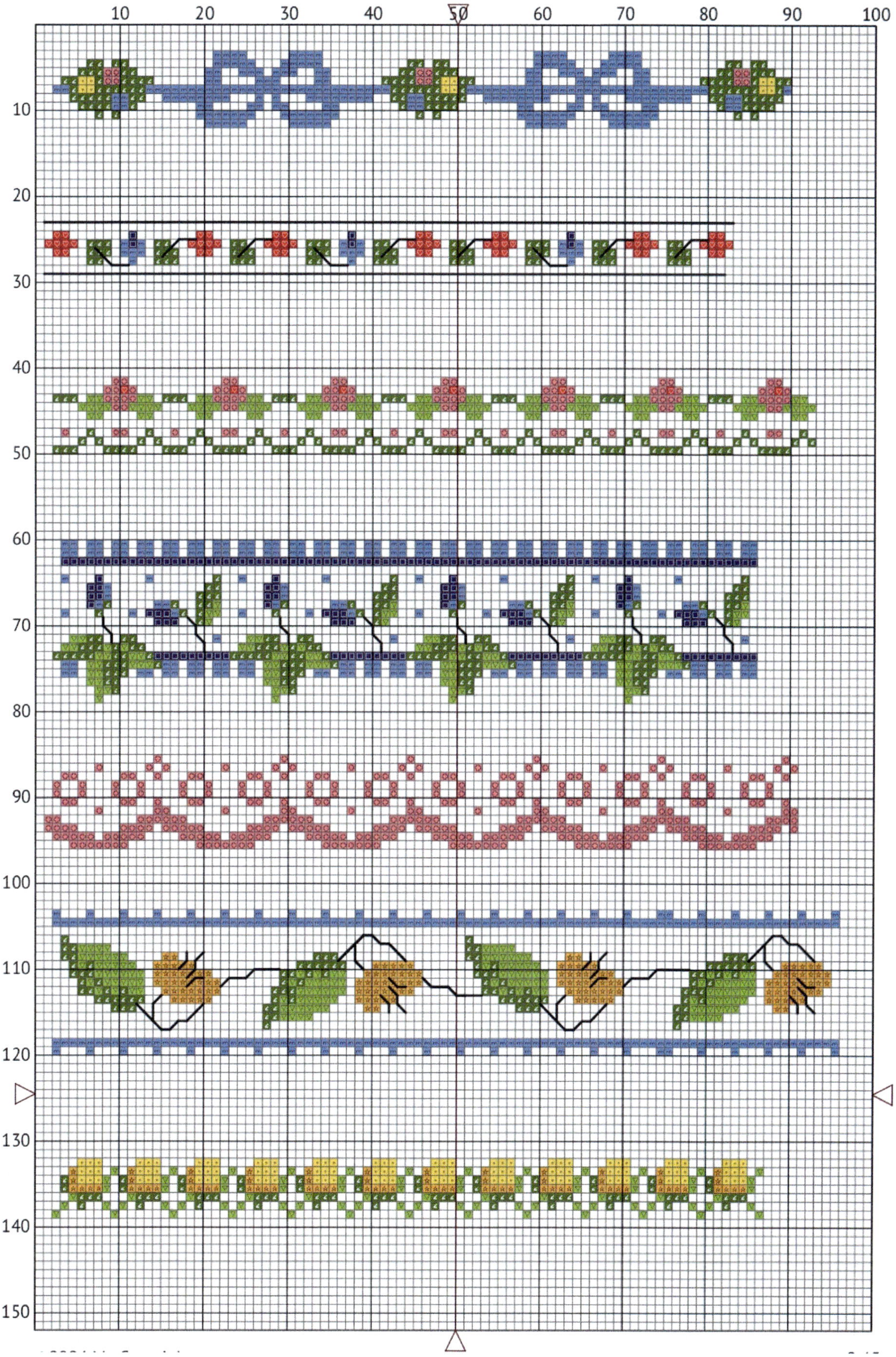

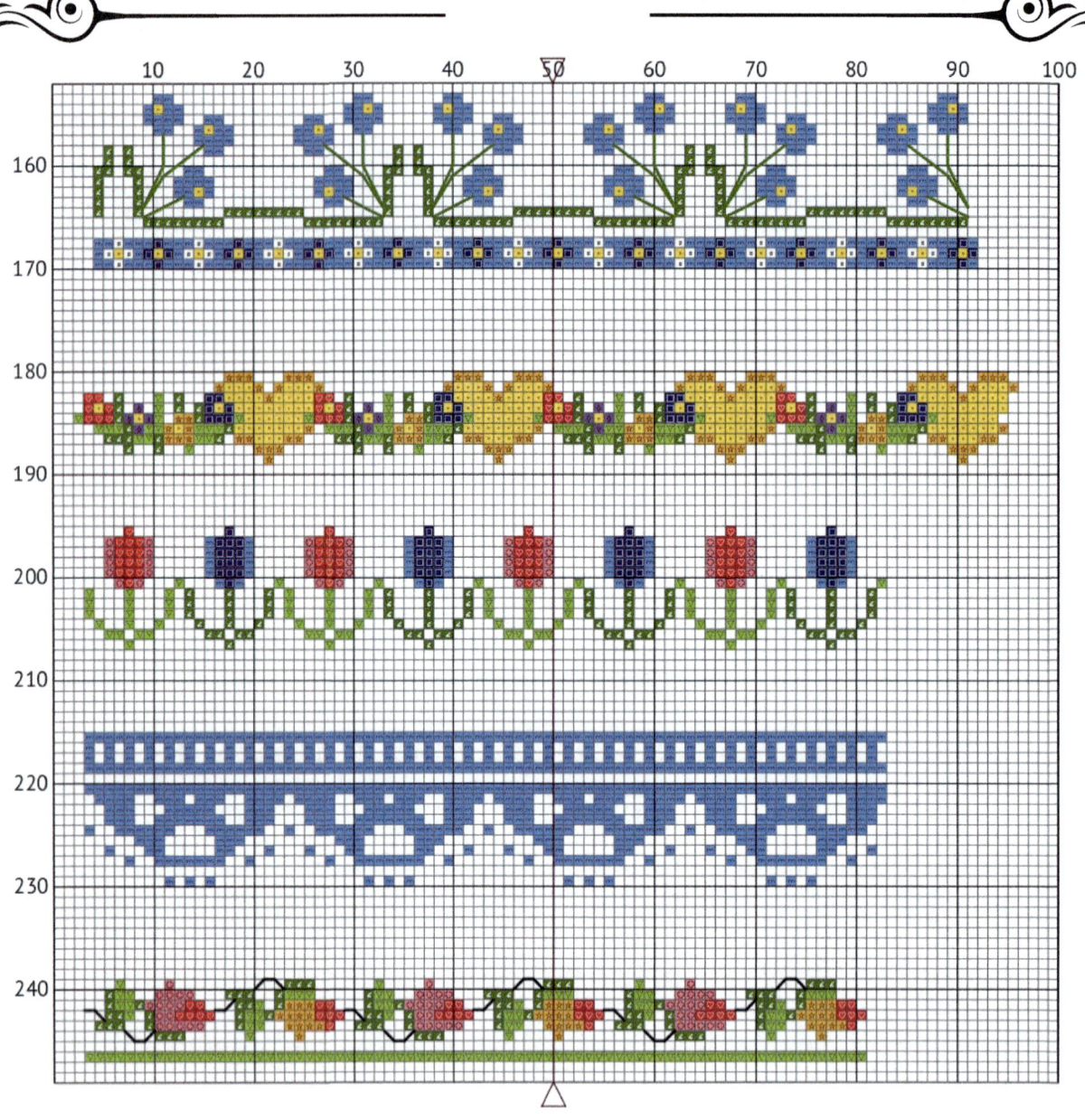

Use 2 strands of thread for cross stitch

| N | Symbol | | Number | Name | Stitches |
|---|---|---|---|---|---|
| 1 | ◇ | ◆ | DMC 208 | Lavender - Very Dark | 16 |
| 2 | = | = | DMC B5200 | Snow White | 44 |
| 3 | ♡ | ♥ | DMC 321 | Red | 183 |
| 4 | o | o | DMC 444 | Lemon - Dark | 328 |
| 5 | m | m | DMC 799 | Delft Blue - Medium | 1739 |
| 6 | ☐ | ■ | DMC 820 | Royal Blue - Very Dark | 301 |
| 7 | ∠ | ∠ | DMC 905 | Parrot Green - Dark | 965 |
| 8 | ▽ | ▼ | DMC 907 | Parrot Green - Light | 700 |
| 9 | ☆ | ★ | DMC 972 | Canary - Deep | 352 |
| 10 | ✣ | ✣ | DMC 3708 | Melon - Light | 540 |
| 1 | — | | DMC 310 | Black | 412 |
| 2 | — | | DMC 905 | Parrot Green - Dark | 123 |

Use 2 strands of thread for cross stitch

| N | Symbol | | Number | Name | Stitches |
|---|---|---|---|---|---|
| 1 | ○ | ○ | DMC 150 | Dusty Rose - Ultra Very Dark | 768 |
| 2 | ◊ | ◊ | DMC 310 | Black | 424 |
| 3 | ✤ | ✤ | DMC 553 | Violet | 175 |
| 4 | m | m | DMC 602 | Cranberry - Medium | 502 |
| 5 | ☆ | ☆ | DMC 704 | Chartreuse - Bright | 639 |
| 6 | × | × | DMC 807 | Peacock Blue | 276 |
| 7 | ∠ | ∠ | DMC 905 | Parrot Green - Dark | 338 |
| 8 | ■ | ■ | DMC 972 | Canary - Deep | 392 |
| 9 | = | = | DMC 3608 | Plum - Very Light | 1028 |
| 10 | ▽ | ▽ | DMC 3845 | Bright Turquoise - Medium | 106 |
| 1 | ——— | | DMC 310 | Black | 412 |
| 2 | ——— | | DMC 905 | Parrot Green - Dark | 123 |

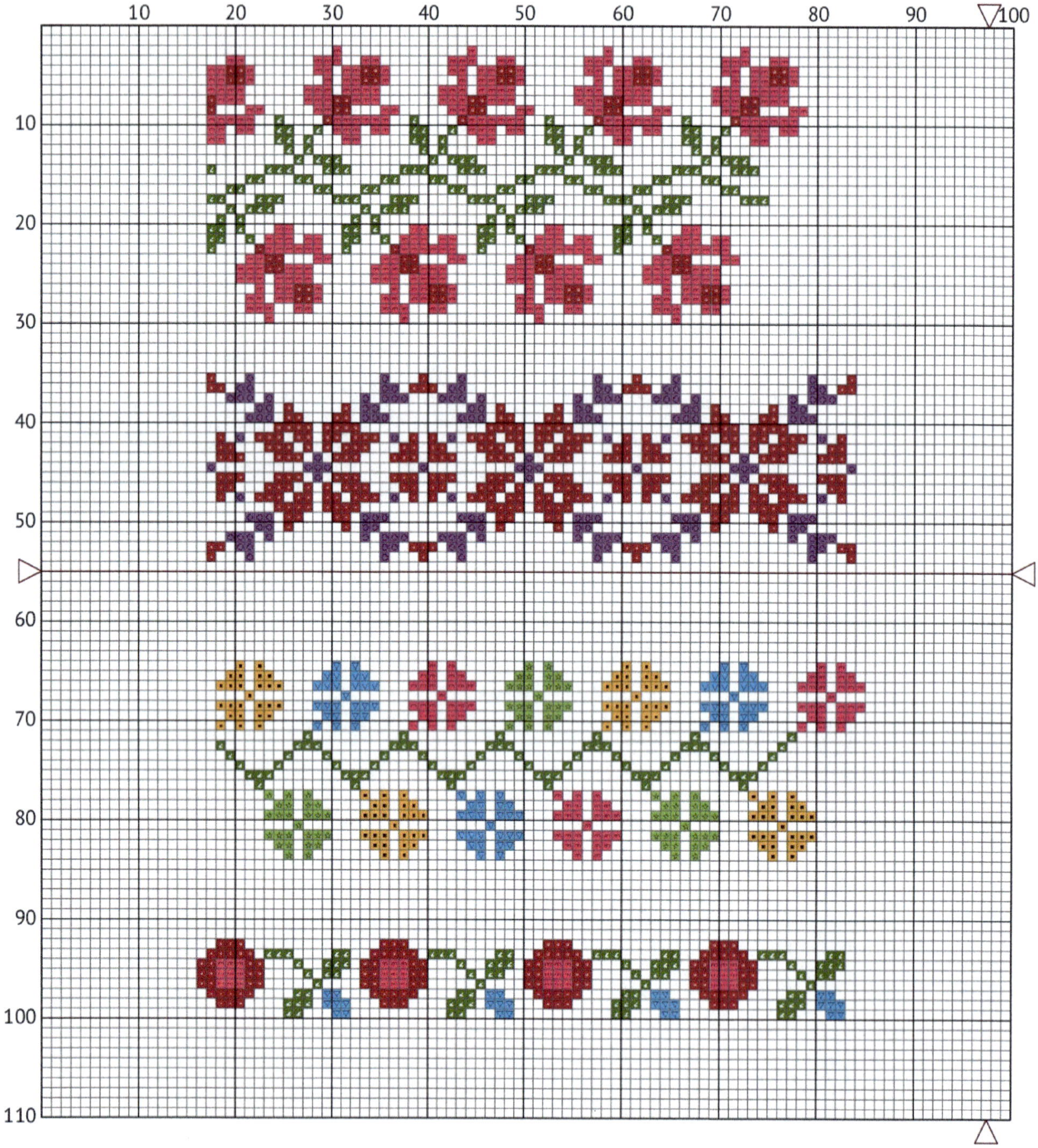

10
20
30
40
50
60
70
80
90
100
110

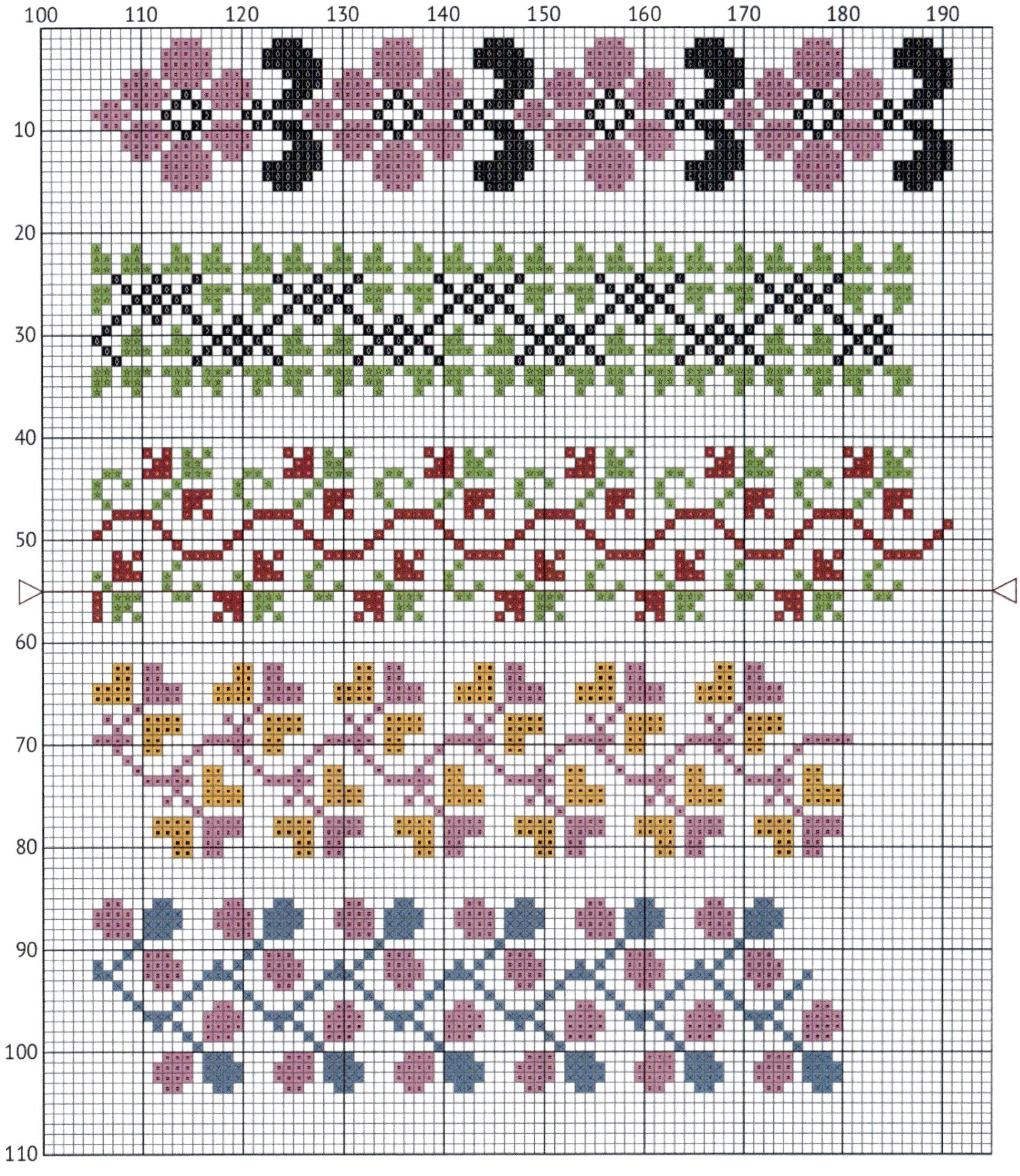
100 110 120 130 140 150 160 170 180 190
10 20 30 40 50 60 70 80 90 100 110

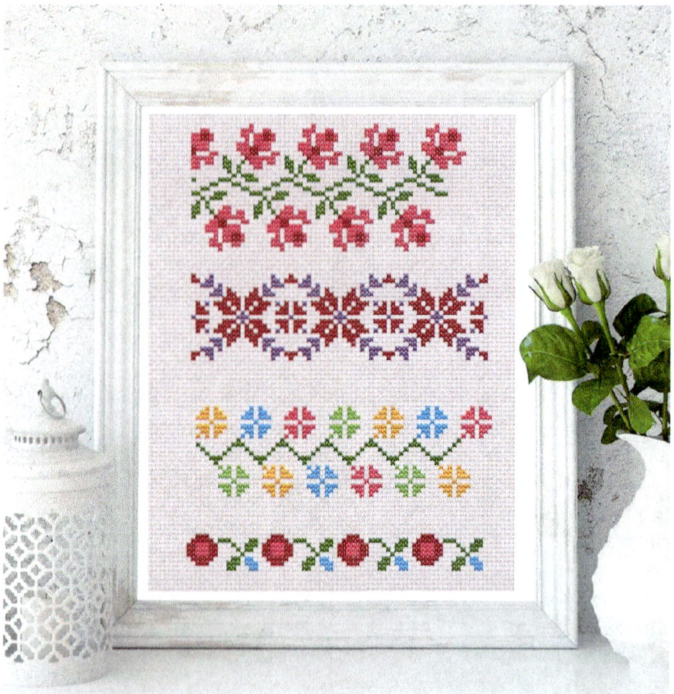

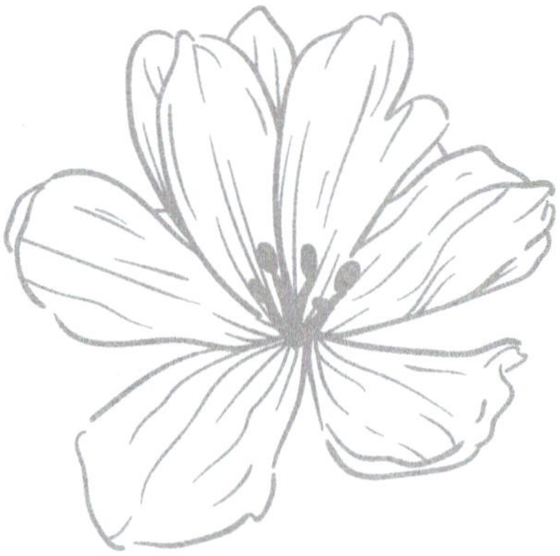

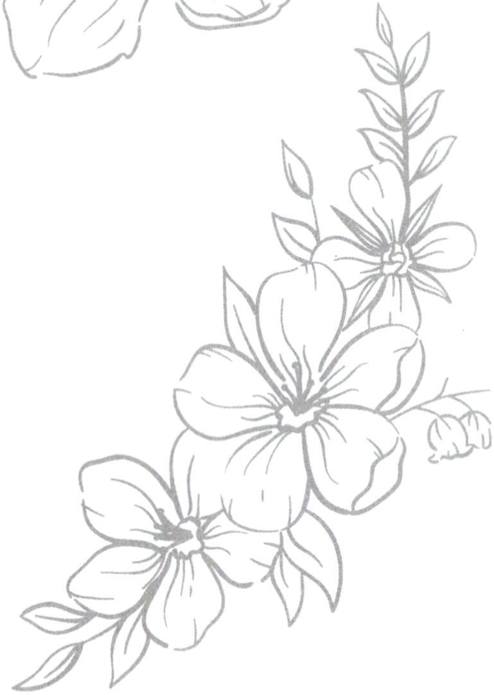

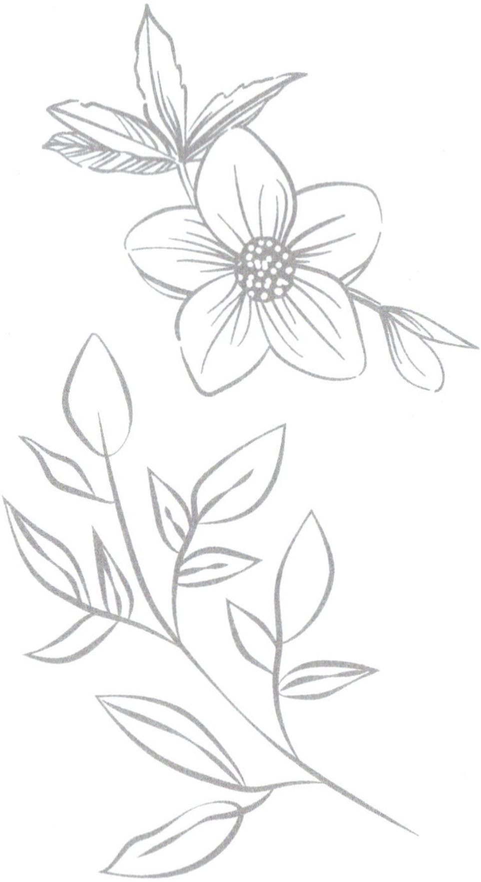

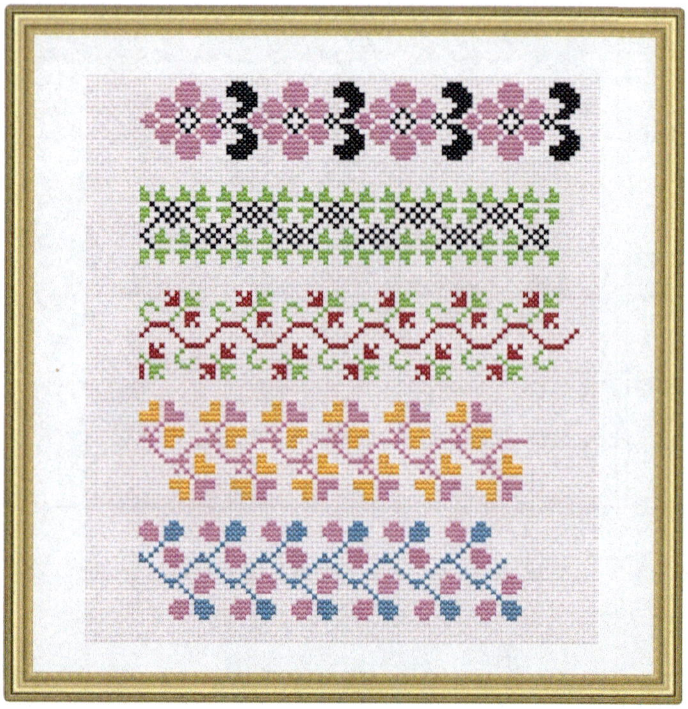

Design size: 210 x 55 stitches

Use 2 strands of thread for cross stitch

| N | Symbol | | Number | Name | Stitches |
|---|---|---|---|---|---|
| 1 | ✚ | ✚ | DMC 33 | Fuchsia | 1272 |
| 2 | ∠ | ∠ | DMC 905 | Parrot Green - Dark | 1009 |
| 3 | ■ | □ | DMC 906 | Parrot Green - Medium | 735 |
| 4 | o | o | DMC 972 | Canary - Deep | 960 |
| 5 | m | m | DMC 3845 | Bright Turquoise - Medium | 375 |

10 20 30 40 50 60 70 80 90 100
10 20 30 40 50

110 120 130 140 150 160 170 180 190 200 210
10 20 30 40 50

Use 2 strands of thread for cross stitch

| N | Symbol | | Number | Name | Stitches |
|---|---|---|---|---|---|
| 1 | ◊ | ◊ | DMC 320 | Pistachio Green - Medium | 108 |
| 2 | ■ | ■ | DMC 603 | Cranberry | 781 |
| 3 | ∠ | ∠ | DMC 905 | Parrot Green - Dark | 673 |
| 4 | m | m | DMC 907 | Parrot Green - Light | 842 |
| 5 | ☆ | ☆ | DMC 913 | Nile Green - Medium | 408 |
| 6 | = | = | DMC 955 | Nile Green - Light | 930 |
| 7 | o | o | DMC 3689 | Mauve - Light | 1688 |
| 8 | ▽ | ▽ | DMC 3804 | Cyclamen Pink - Dark | 247 |

10 20 30 40 50 60 70 80 90 100
10 20 30 40 50

110 120 130 140 150 160 170 180 190 200 210
10 20 30 40 50

220 230 240 250 260 270
10 20 30 40 50

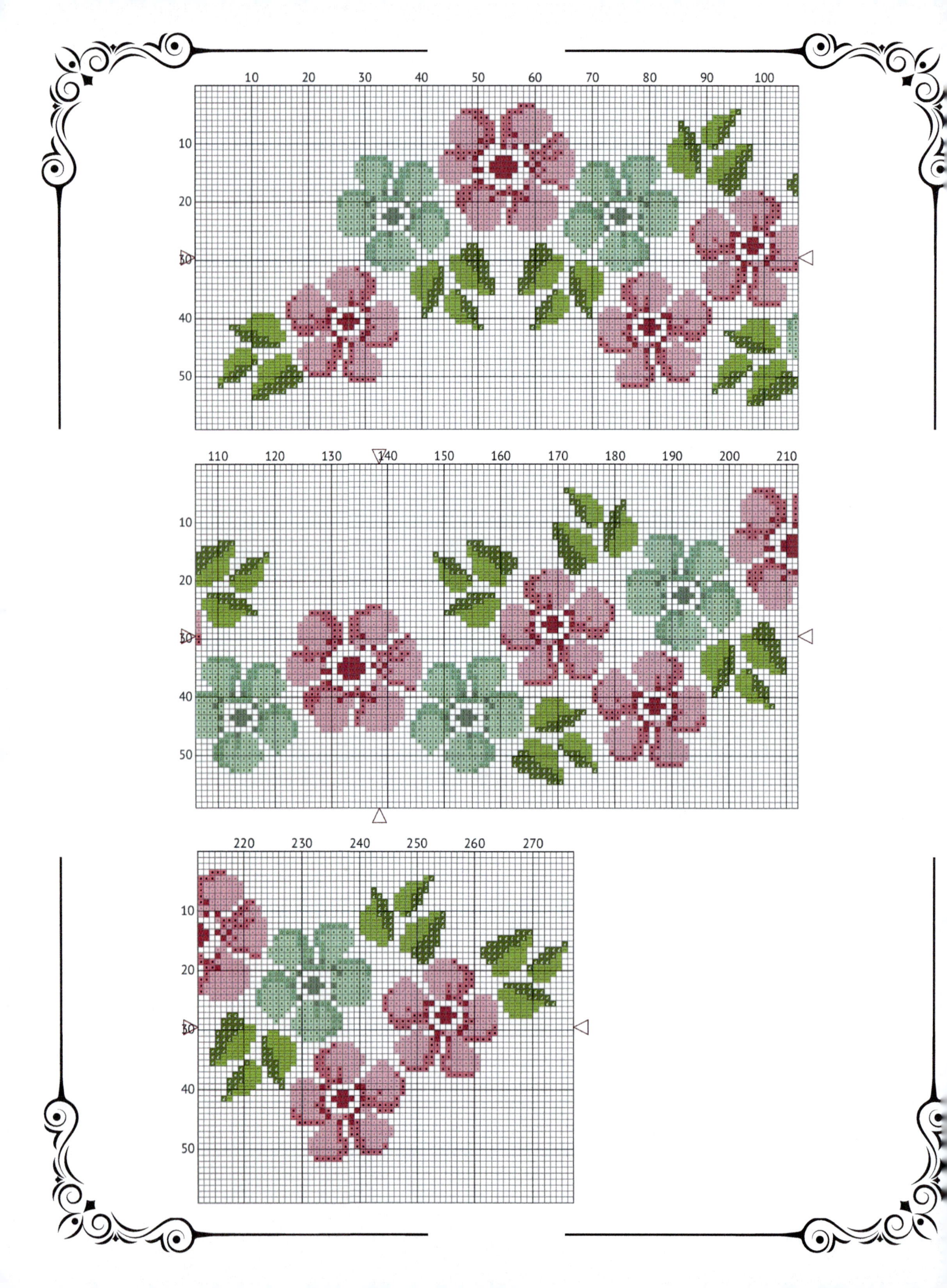

# Floral Alphabet: Cross-Stitch Patterns for Embroidery

## Alfabeto Florido: Patrones de Punto de Cruz para Bordar

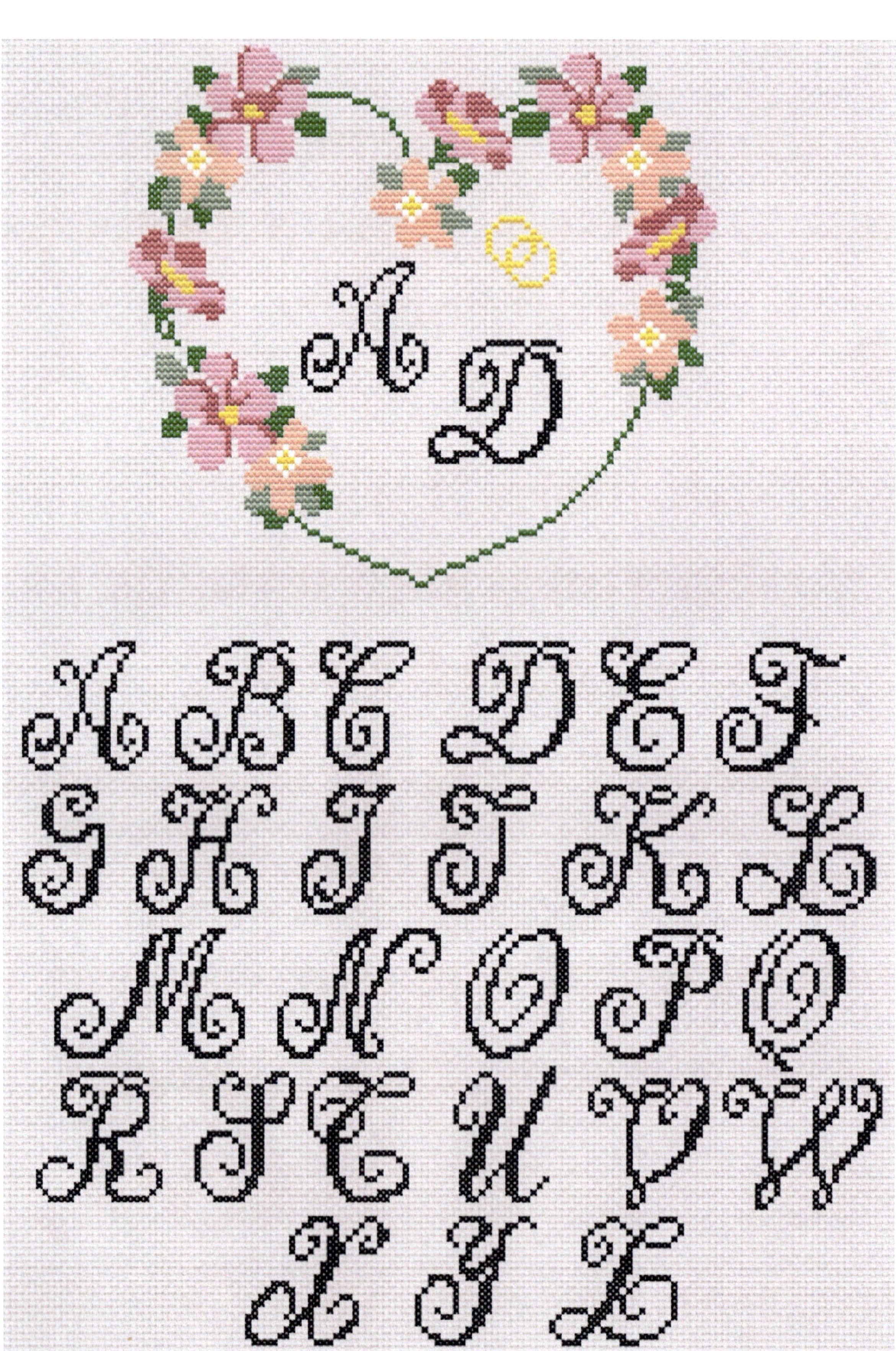
A D
A B C D E F
G H I J K L
M N O P Q
R S T U V W
X Y Z

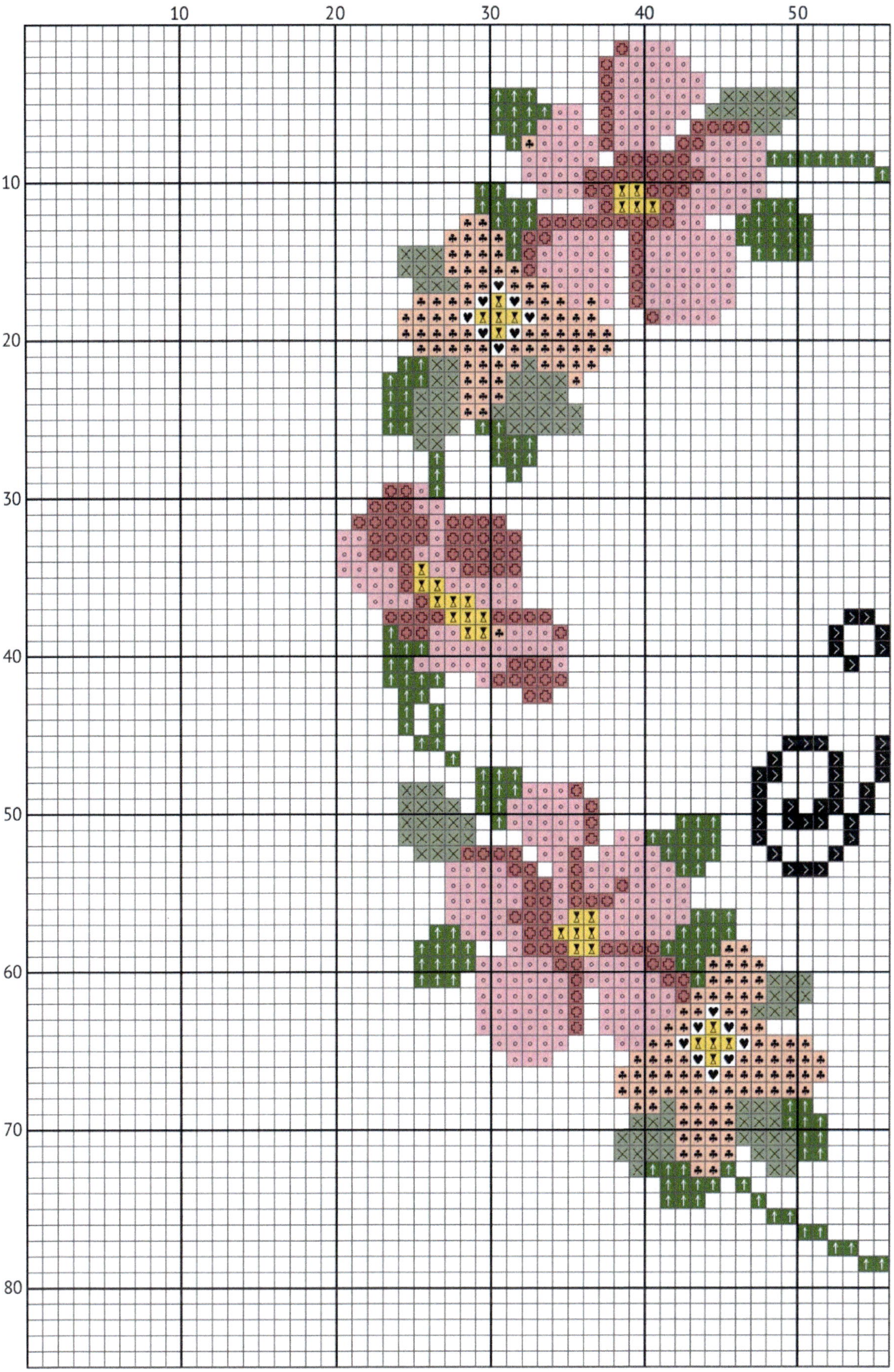
10
20
30
40
50
10
20
30
40
50
60
70
80

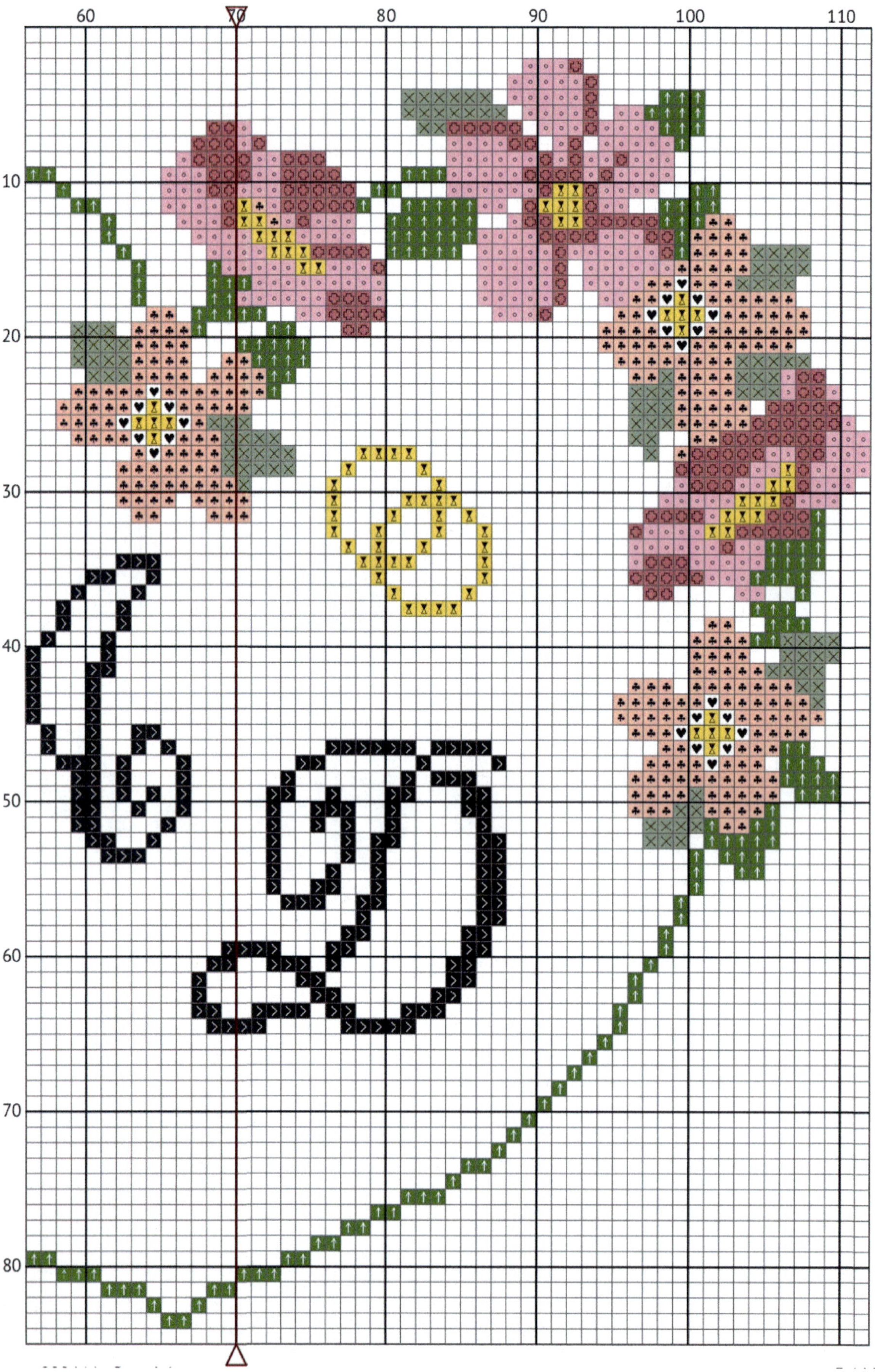
60
70
80
90
100
110
10
20
30
40
50
60
70
80

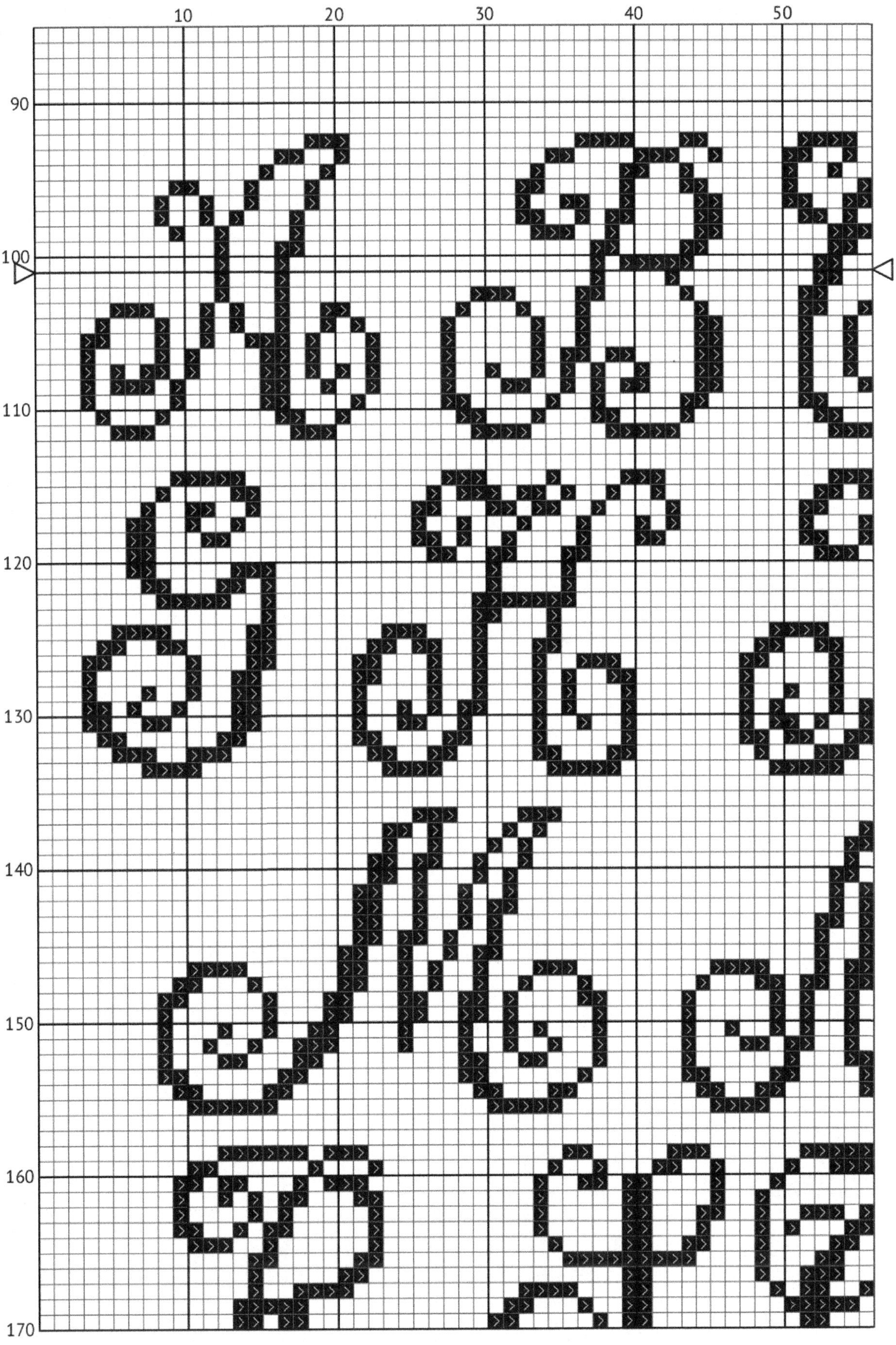
10
20
30
40
50
90
100
110
120
130
140
150
160
170

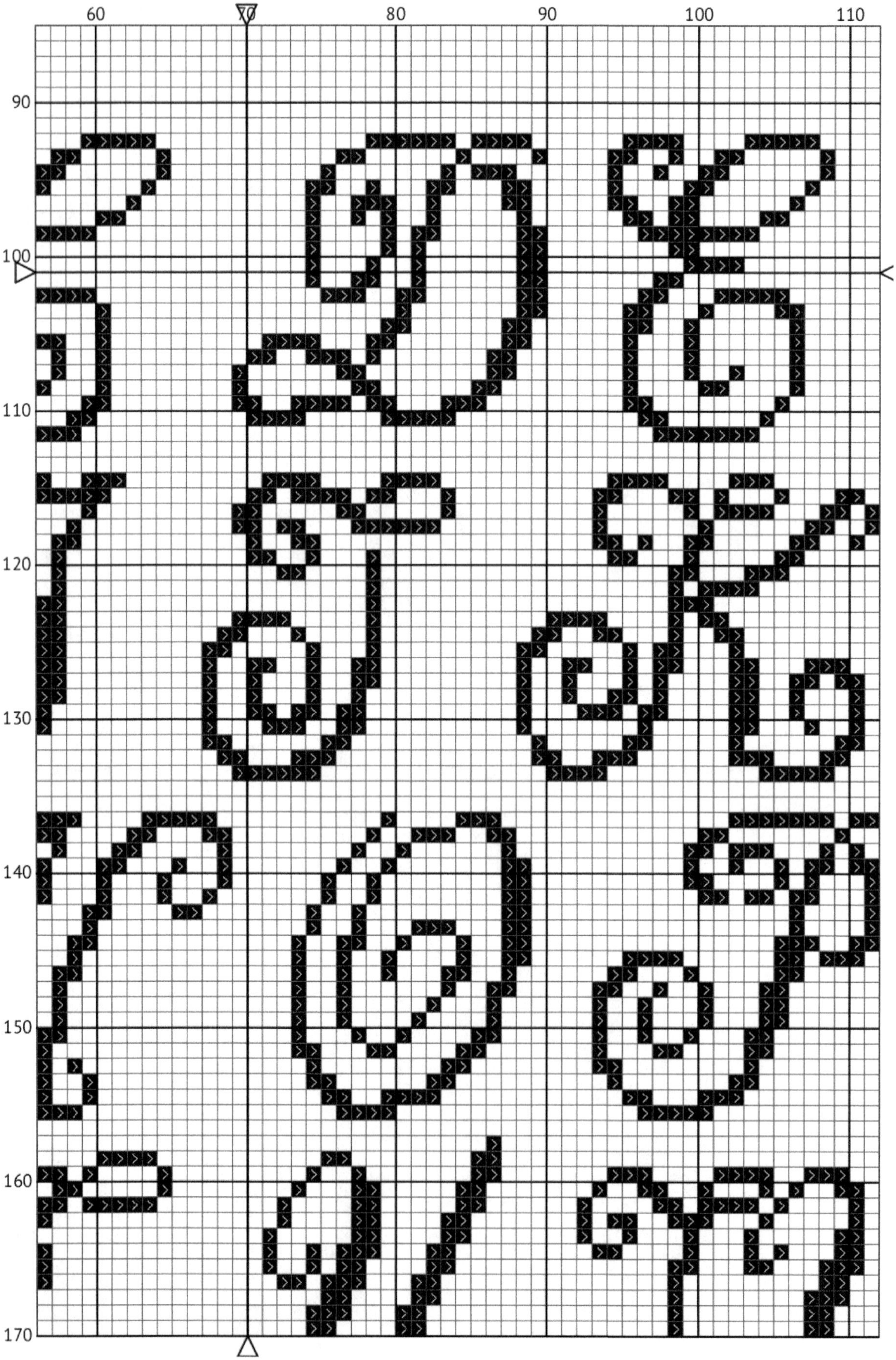
60
70
80
90
100
110
90
100
110
120
130
140
150
160
170

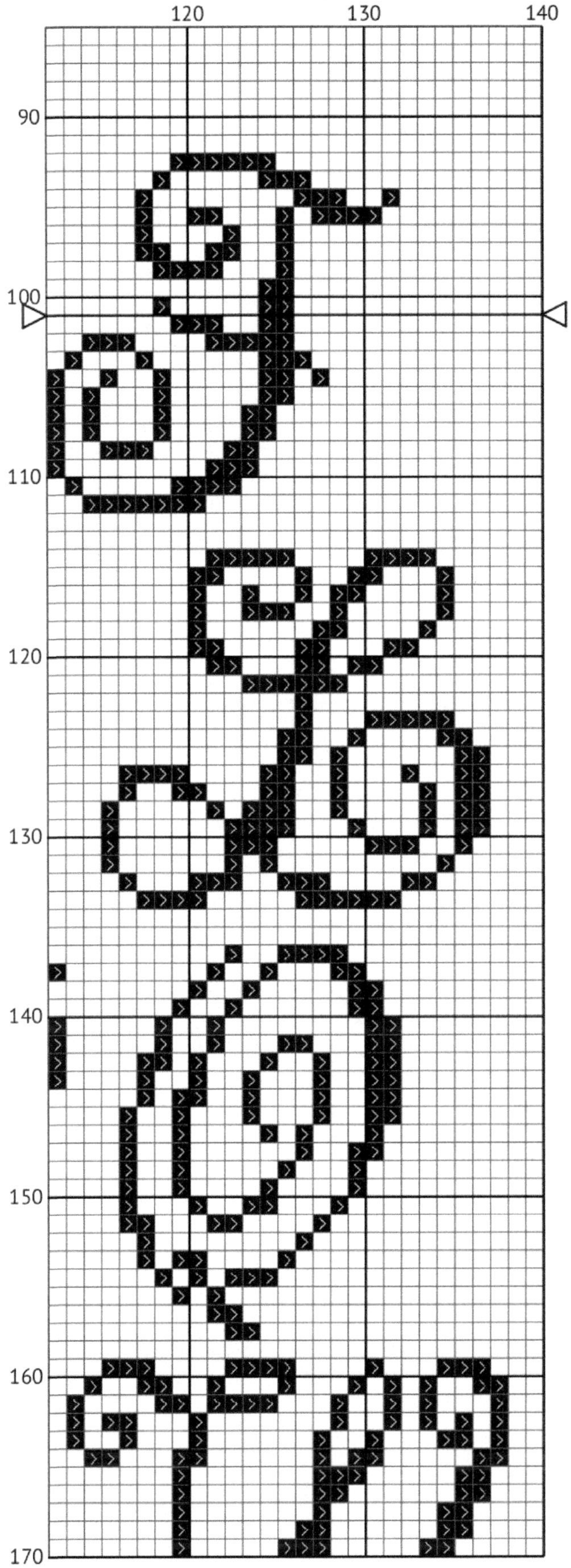
120
130
140
90
100
110
120
130
140
150
160
170

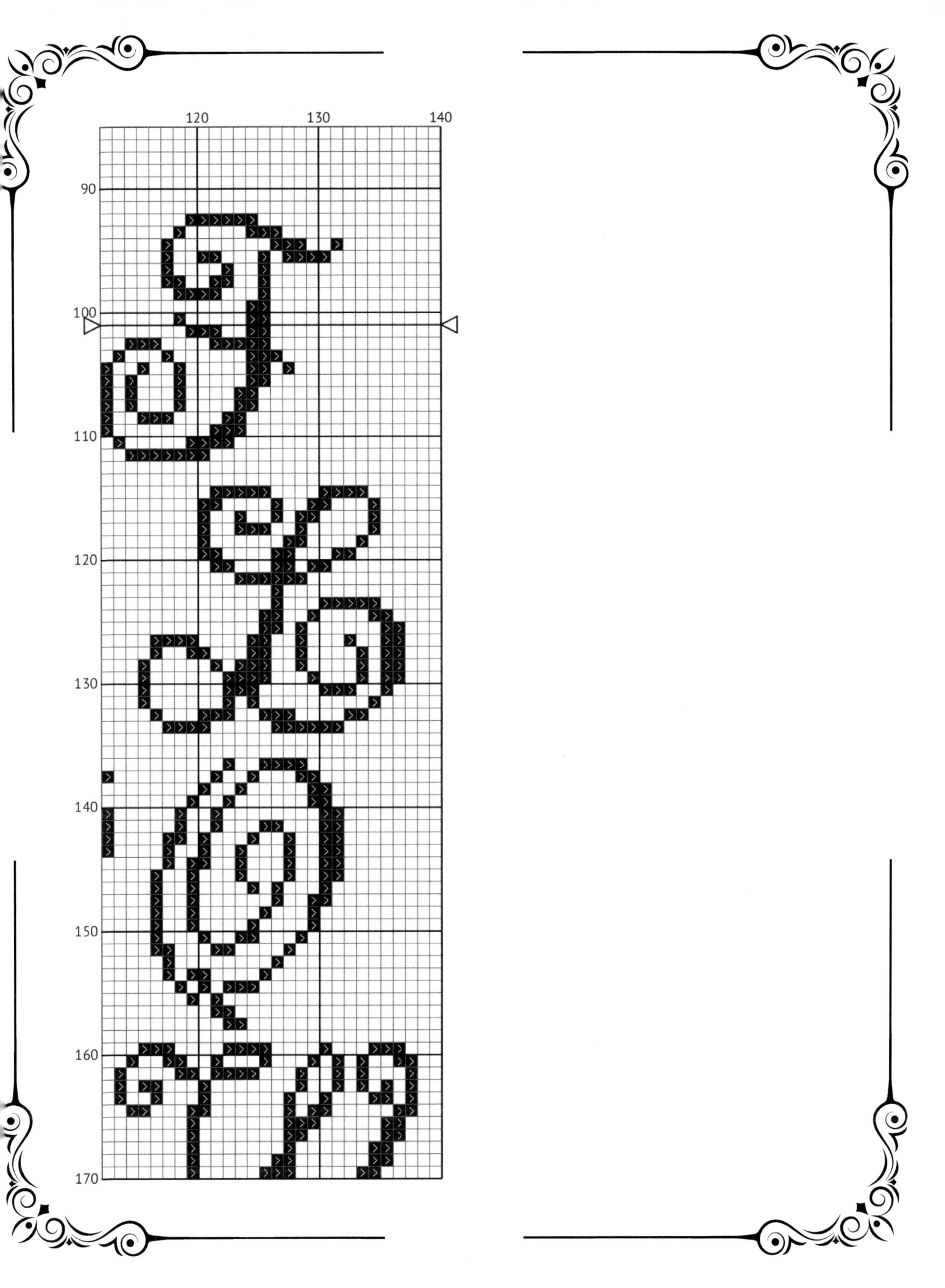

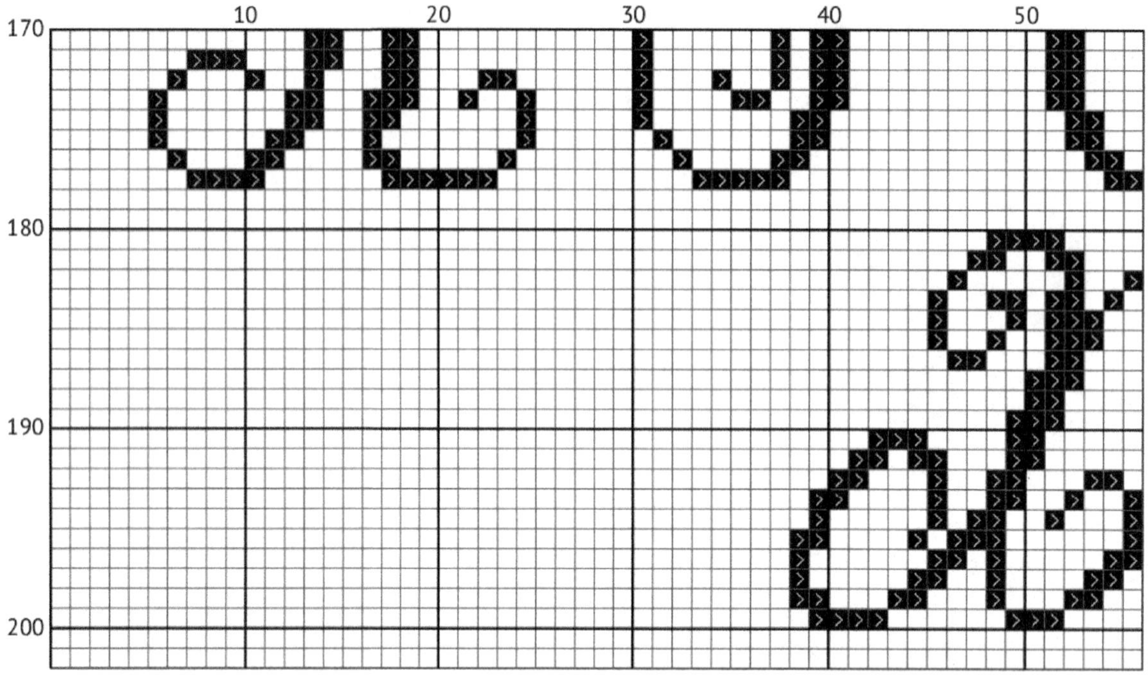
10 20 30 40 50
170 180 190 200

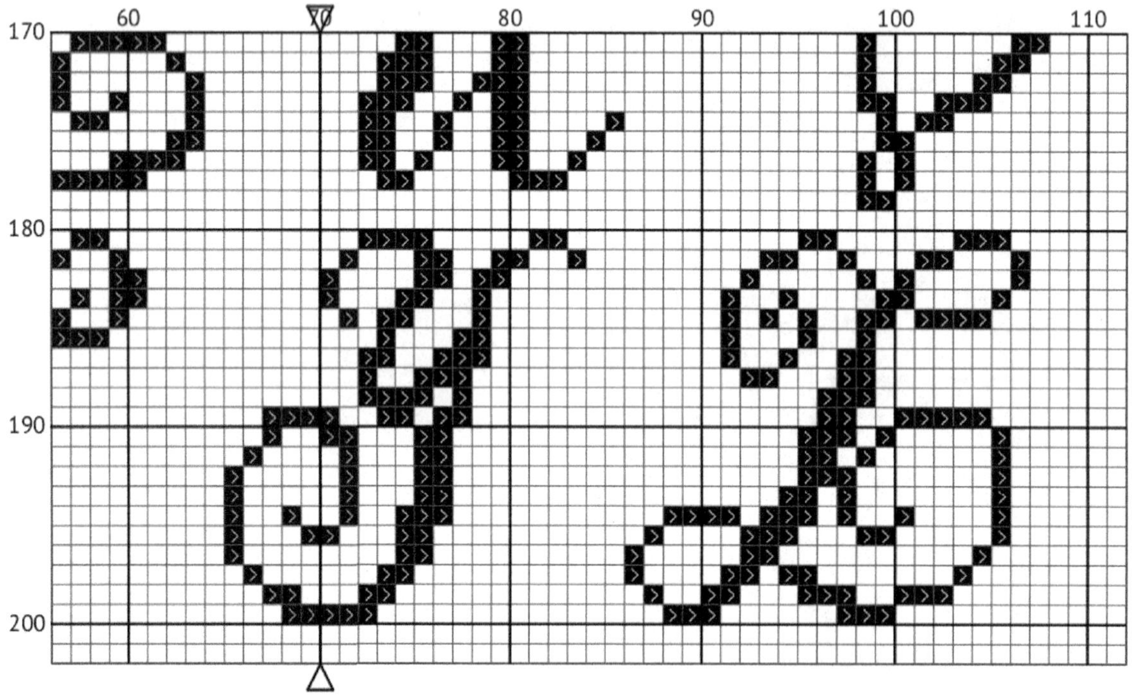
60 70 80 90 100 110
170 180 190 200

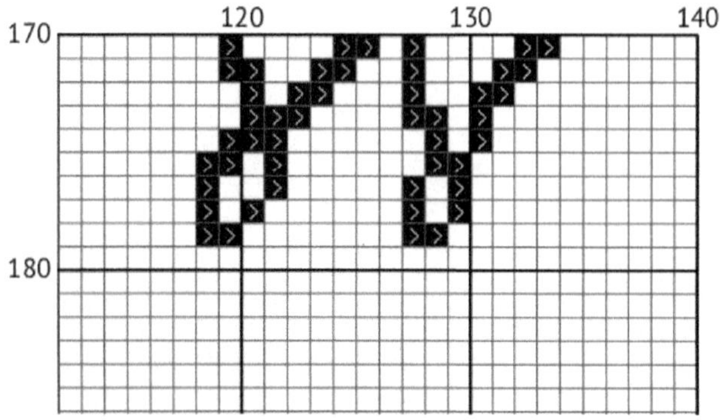
120 130 140
170 180

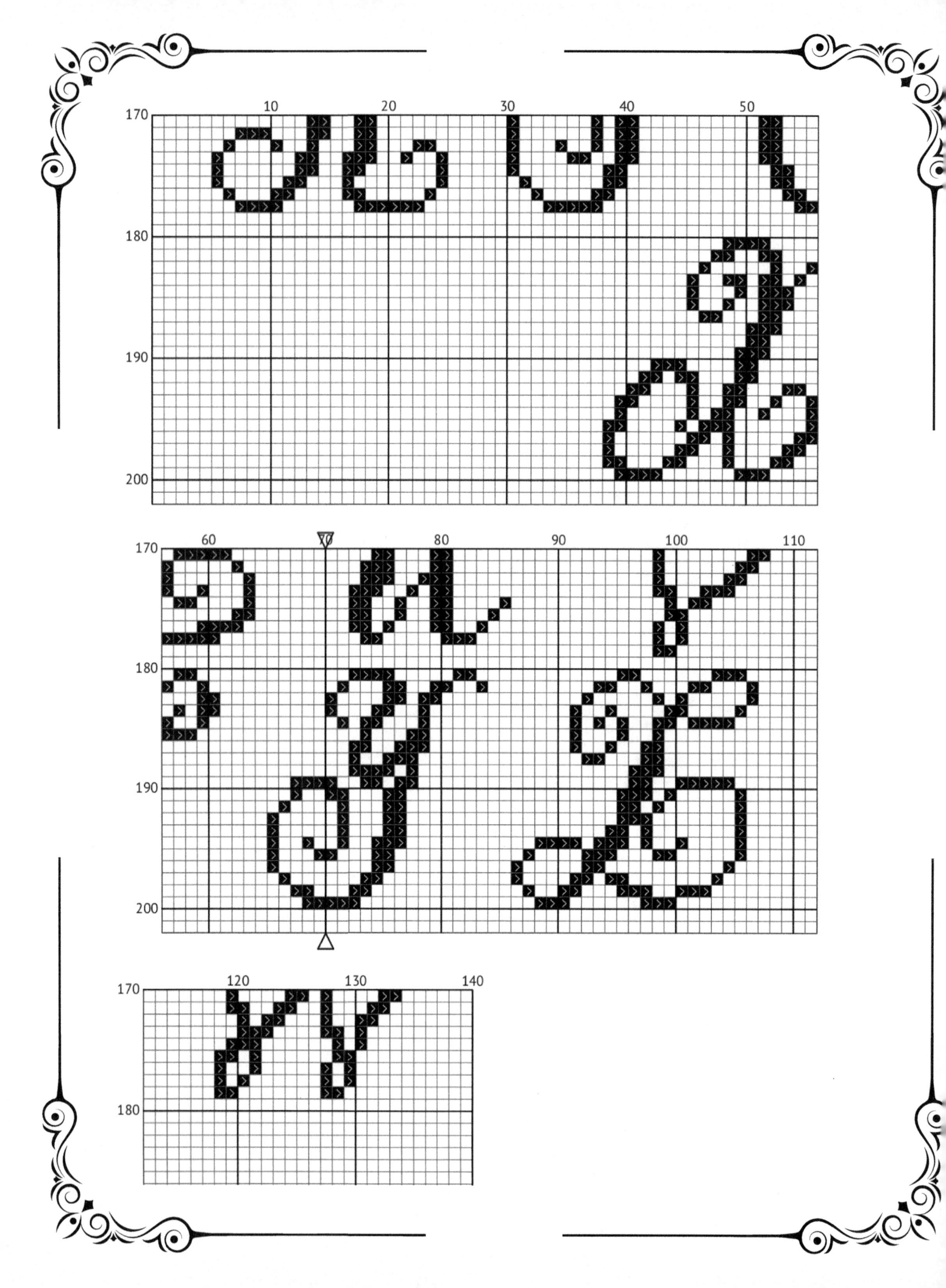

# Floral Alphabet: Cross-Stitch Patterns for Embroidery

# Alfabeto Florido: Patrones de Punto de Cruz para Bordar

Design size: 165 x 129 stitches

Use 2 strands of thread for cross stitch

| N | Symbol | | Number | Name | Stitches |
|---|---|---|---|---|---|
| 1 | ♣ | ♣ | DMC 03 | Tin - Medium | 221 |
| 2 | ○ | ○ | DMC 310 | Black | 2981 |
| 3 | ✚ | ✚ | DMC 434 | Brown - Light | 2124 |
| 4 | 7 | 7 | DMC 444 | Lemon - Dark | 804 |
| 5 | = | = | DMC 453 | Shell Gray - Light | 415 |
| 6 | ♡ | ♡ | DMC 612 | Drab Brown - Light | 918 |
| 7 | ∠ | ∠ | DMC 648 | Beaver Gray - Light | 353 |
| 8 | ○ | ○ | DMC 926 | Gray Green - Medium | 451 |
| 9 | ⌐ | ⌐ | DMC 972 | Canary - Deep | 1467 |
| 10 | ⁒ | ⁒ | DMC 976 | Golden Brown - Medium | 1229 |
| 11 | ▽ | ▽ | DMC 3051 | Green Gray - Dark | 931 |
| 12 | ■ | ■ | DMC 3799 | Pewter Gray - Very Dark | 1291 |

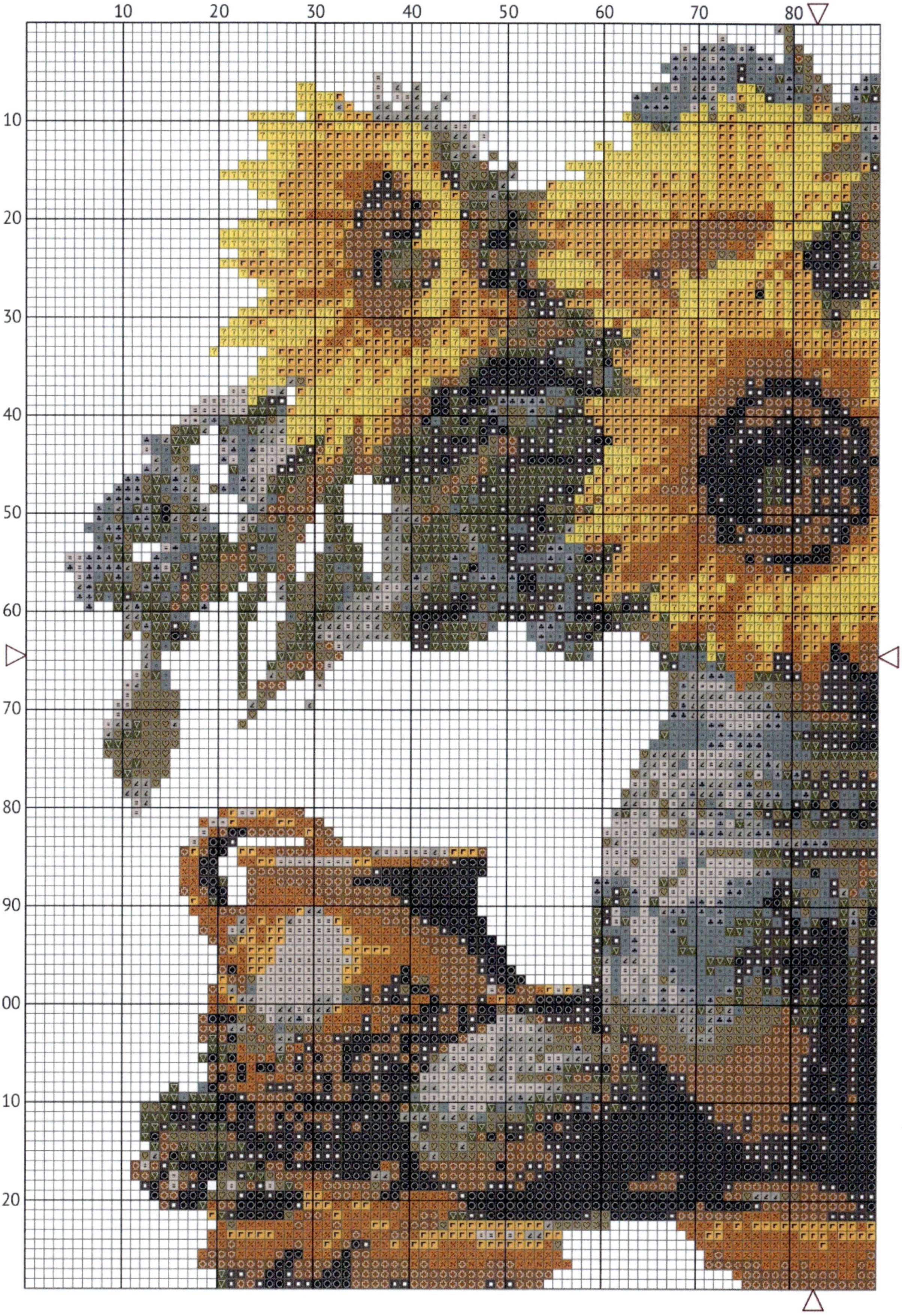

10
20
30
40
50
60
70
80

90
100
110
120
130
140
150
160
10
20
30
40
50
60
70
80
90
100
110
120

Design size: 110 x 166 stitches

Use 2 strands of thread for cross stitch

| N | Symbol | | Number | Name | Stitches |
|---|---|---|---|---|---|
| 1 | ■ | ■ | DMC 06 | Driftwood - Medium Light | 1005 |
| 2 | × | × | DMC 27 | Violet - White | 441 |
| 3 | ◊ | ◊ | DMC 168 | Pewter - Very Light | 776 |
| 4 | // | // | DMC 300 | Mahogany - Very Dark | 475 |
| 5 | ↑ | ↑ | DMC 310 | Black | 1323 |
| 6 | ♣ | ♣ | DMC 414 | Steel Gray - Dark | 388 |
| 7 | m | m | DMC 422 | Hazelnut Brown - Light | 451 |
| 8 | ∴ | ∴ | DMC 435 | Brown - Very Light | 981 |
| 9 | ♥ | ♡ | DMC 535 | Ash Gray - Very Light | 477 |
| 10 | ▽ | ▽ | DMC 598 | Turquoise - Light | 303 |
| 11 | ● | ● | DMC 646 | Beaver Gray - Dark | 775 |
| 12 | ○ | ○ | DMC 648 | Beaver Gray - Light | 493 |
| 13 | 7 | 7 | DMC 676 | Old Gold - Light | 822 |
| 14 | > | > | DMC 720 | Orange Spice - Dark | 195 |
| 15 | < | < | DMC 725 | Topaz - Medium Light | 319 |
| 16 | ✛ | ✛ | DMC 813 | Blue - Light | 41 |
| 17 | ( | ( | DMC 830 | Golden Olive - Dark | 649 |
| 18 | S | S | DMC 838 | Beige Brown - Very Dark | 438 |
| 19 | □ | □ | DMC 841 | Beige Brown - Light | 721 |
| 20 | ⧖ | ⧖ | DMC 938 | Coffee Brown - Ultra Dark | 363 |
| 21 | ☆ | ☆ | DMC 950 | Desert Sand - Light | 1158 |
| 22 | ✻ | ✻ | DMC 3045 | Yellow Beige - Dark | 266 |
| 23 | = | = | DMC 3761 | Sky Blue - Light | 1029 |
| 24 | ○ | ○ | DMC 3776 | Mahogany - Light | 501 |
| 25 | ✤ | ✤ | DMC 3787 | Brown Gray - Dark | 703 |
| 26 | ♡ | ♡ | DMC 3827 | Golden Brown - Pale | 355 |
| 27 | ⌐ | ⌐ | DMC 3828 | Hazelnut Brown | 810 |
| 28 | ♯ | ♯ | DMC 3852 | Straw - Very Dark | 633 |
| 29 | ◺ | ◺ | DMC 3855 | Autumn Gold - Light | 1105 |
| 30 | ∠ | ∠ | DMC 3864 | Mocha Beige - Light | 264 |

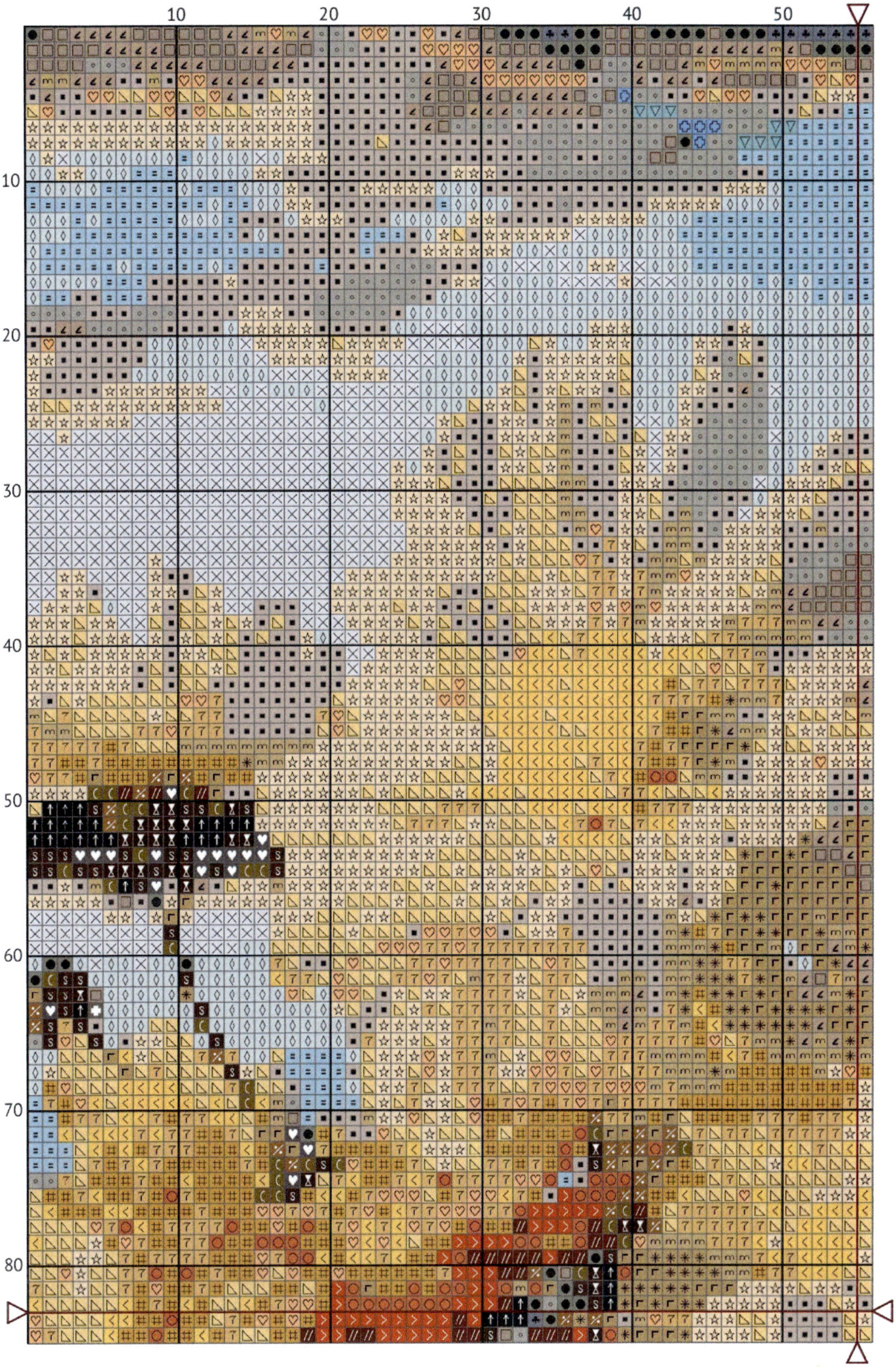
10
20
30
40
50
60
70
80

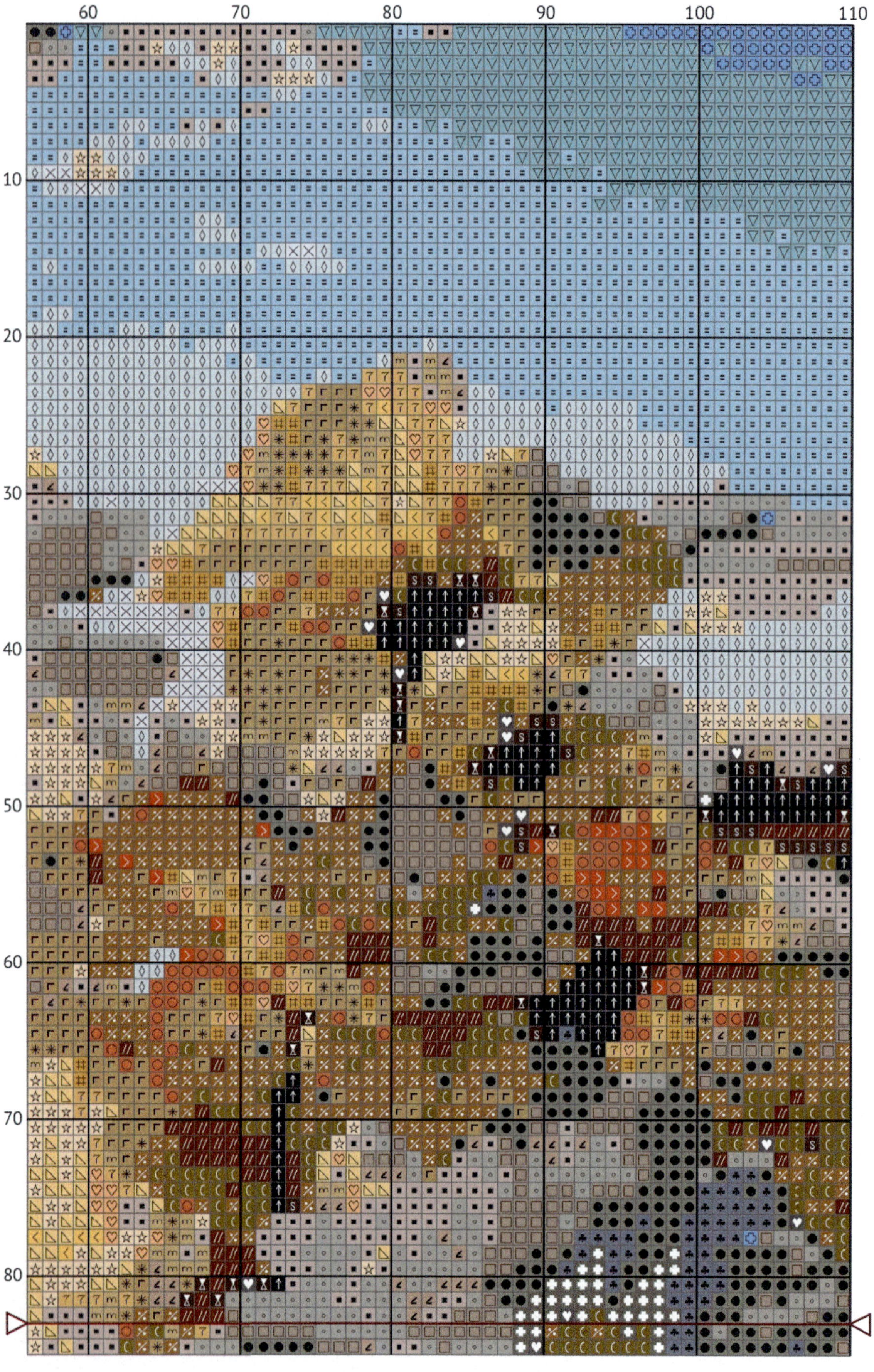
60
70
80
90
100
110
10
20
30
40
50
60
70
80

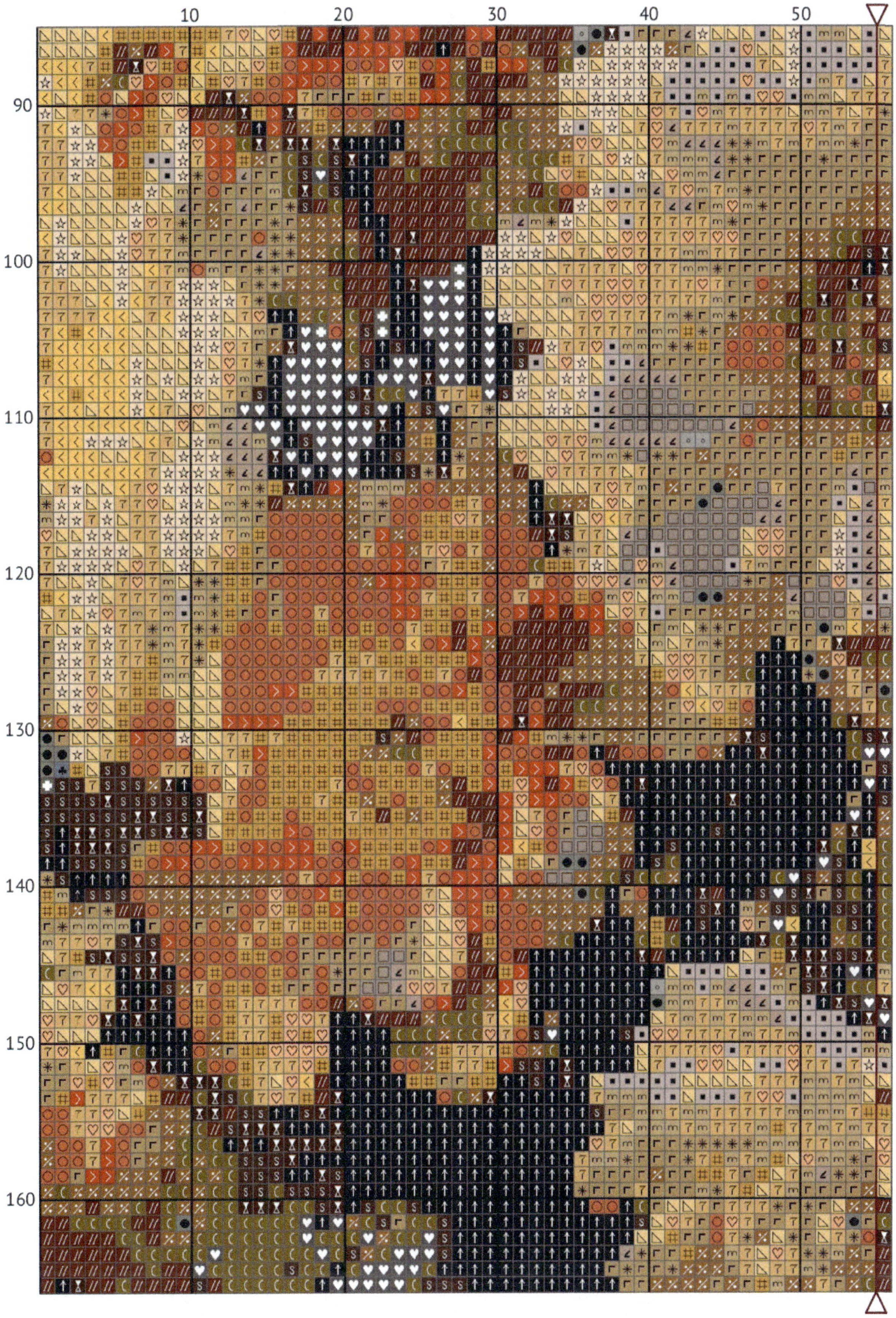
10
20
30
40
50
90
100
110
120
130
140
150
160

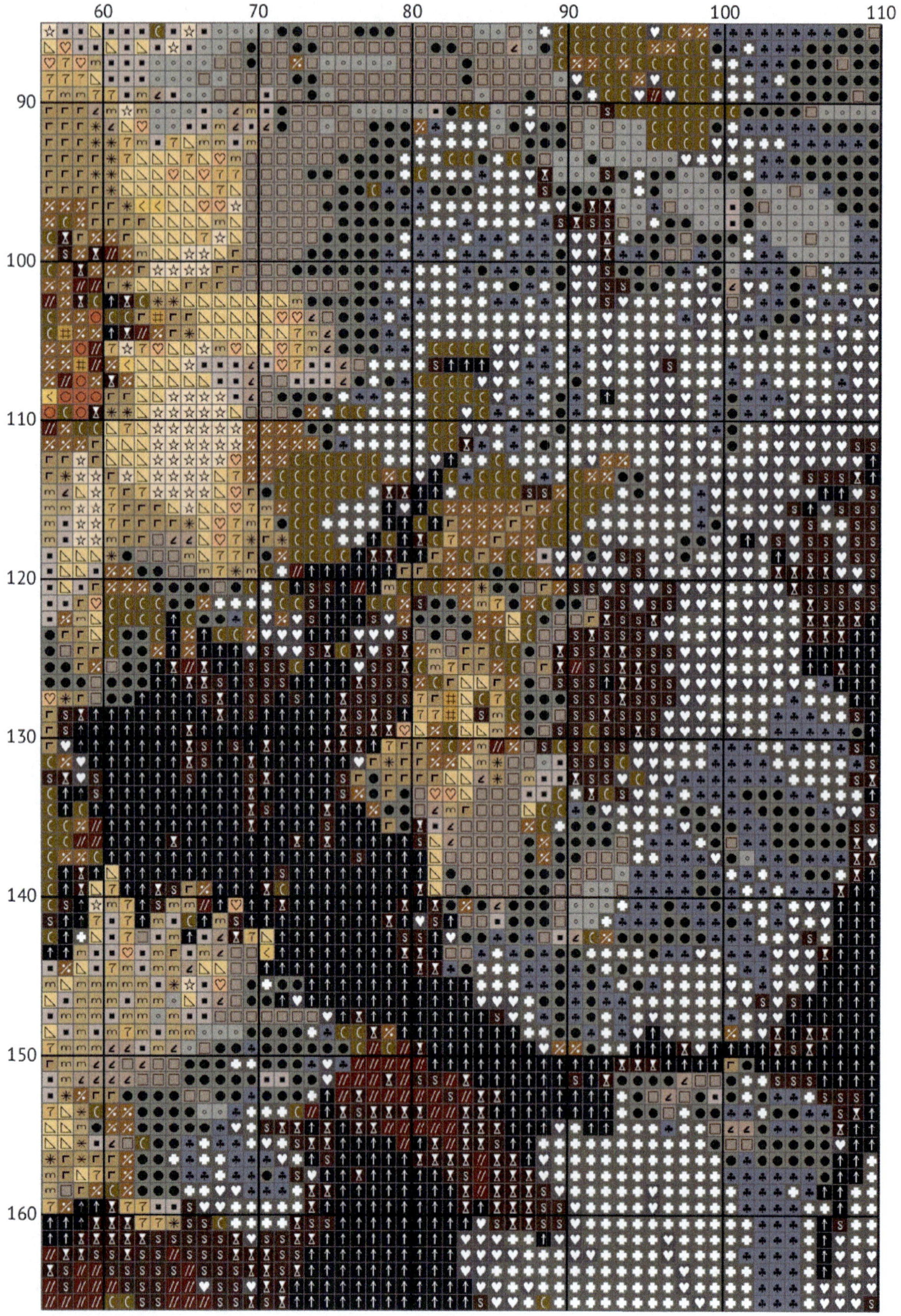
60
70
80
90
100
110
90
100
110
120
130
140
150
160

Design size: 132 x 80 stitches

Use 2 strands of thread for cross stitch

| N | Symbol | | Number | Name | Stitches |
|---|---|---|---|---|---|
| 1 | // | // | DMC 03 | Tin - Medium | 13 |
| 2 | ✥ | ✥ | DMC 05 | Driftwood - Light | 206 |
| 3 | ⌛ | ⌛ | DMC 151 | Dusty Rose - Very Light | 17 |
| 4 | ✻ | ✻ | DMC 310 | Black | 623 |
| 5 | ◊ | ◊ | DMC 422 | Hazelnut Brown - Light | 217 |
| 6 | ( | ( | DMC 437 | Tan - Light | 214 |
| 7 | ☆ | ☆ | DMC 469 | Avocado Green | 299 |
| 8 | ♯ | ♯ | DMC 471 | Avocado Green - Very Light | 109 |
| 9 | = | = | DMC 580 | Moss Green - Dark | 413 |
| 10 | ○ | ○ | DMC 581 | Moss Green | 238 |
| 11 | 7 | 7 | DMC 733 | Olive Green - Medium | 247 |
| 12 | < | < | DMC 739 | Tan - Ultra Very Light | 328 |
| 13 | △ | △ | DMC 818 | Baby Pink | 172 |
| 14 | × | × | DMC 834 | Golden Olive - Very Light | 289 |
| 15 | ● | ● | DMC 950 | Desert Sand - Light | 898 |
| 16 | □ | □ | DMC 951 | Tawny - Light | 1792 |
| 17 | ∴ | ∴ | DMC 3031 | Mocha Brown - Very Dark | 264 |
| 18 | ♣ | ♣ | DMC 3033 | Mocha Brown - Very Light | 557 |
| 19 | S | S | DMC 3689 | Mauve - Light | 33 |
| 20 | ⌐ | ⌐ | DMC 3781 | Mocha Brown - Dark | 211 |
| 21 | ▽ | ▽ | DMC 3828 | Hazelnut Brown | 171 |
| 22 | ♡ | ♡ | DMC 3855 | Autumn Gold - Light | 469 |
| 23 | ∠ | ∠ | DMC 3856 | Mahogany - Ultra Very Light | 497 |
| 24 | ■ | ■ | DMC 3864 | Mocha Beige - Light | 81 |
| 25 | m | m | DMC 3865 | Winter White | 1013 |
| 26 | o | o | DMC 3866 | Mocha - Ultra Very Light | 1189 |

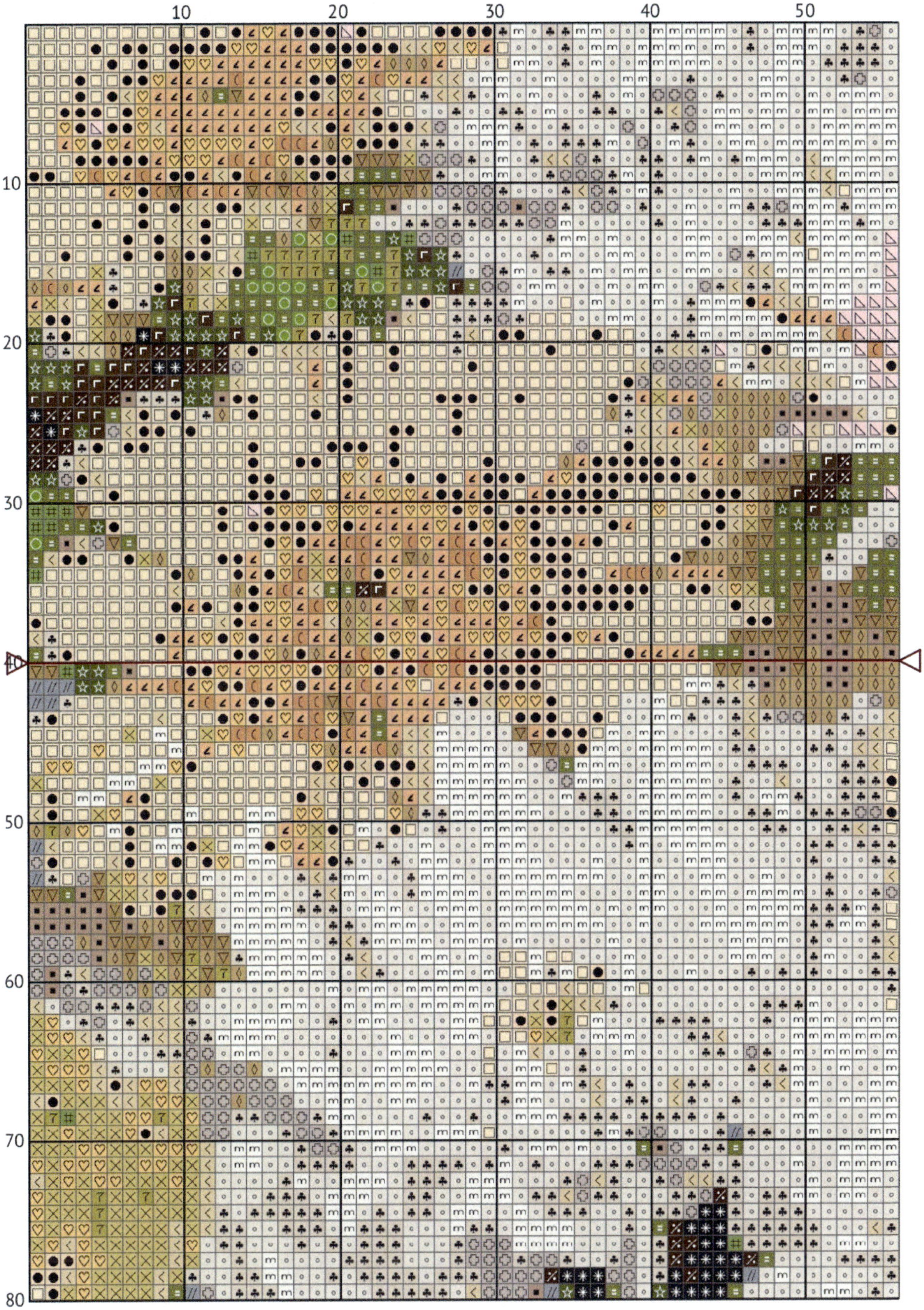
10
20
30
40
50
10
20
30
40
50
60
70
80

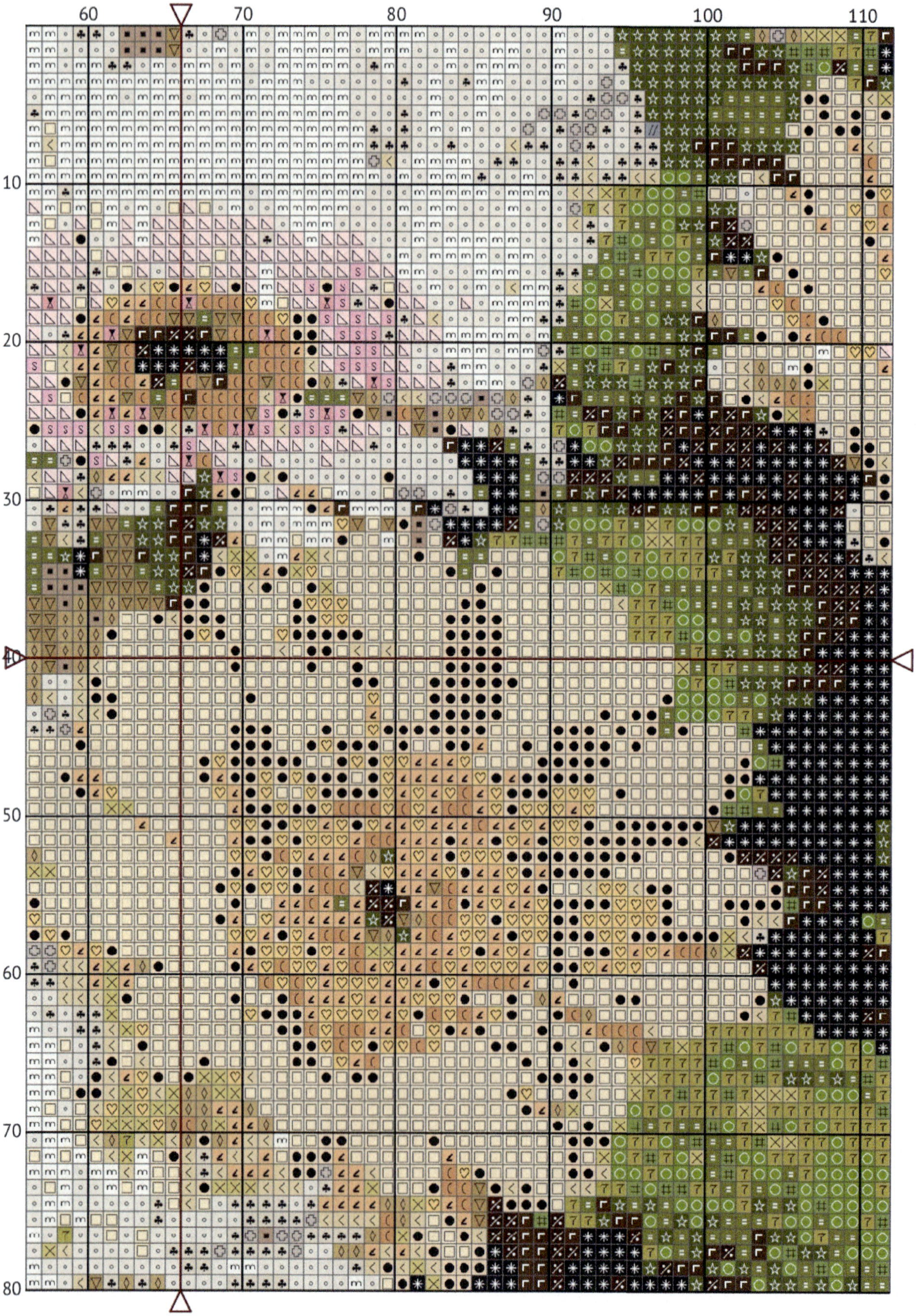

60
70
80
90
100
110
10
20
30
40
50
60
70
80

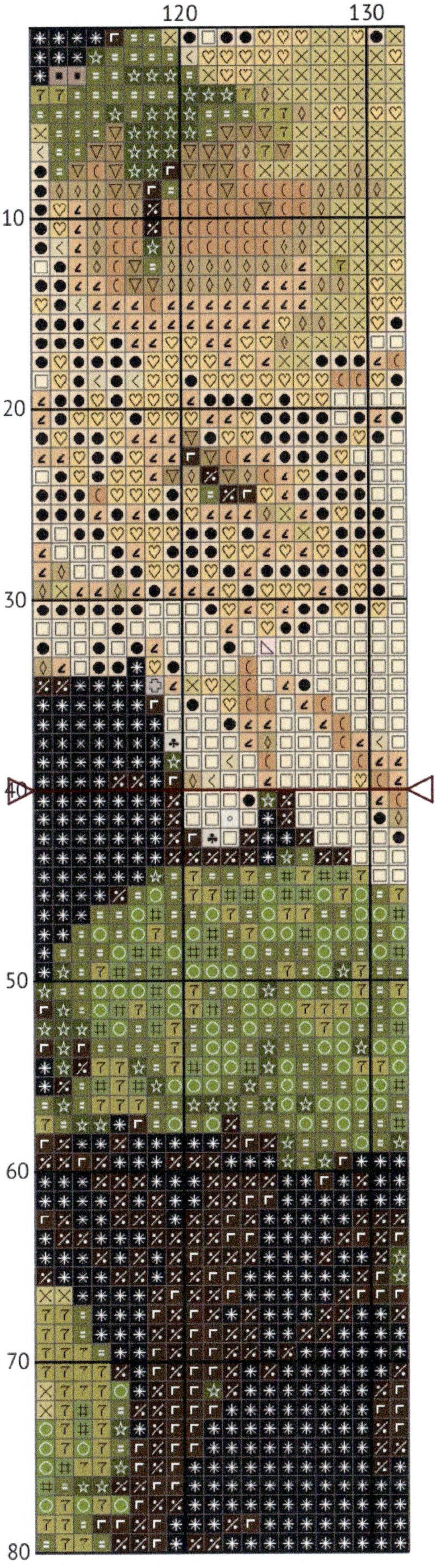
120
130
10
20
30
40
50
60
70
80

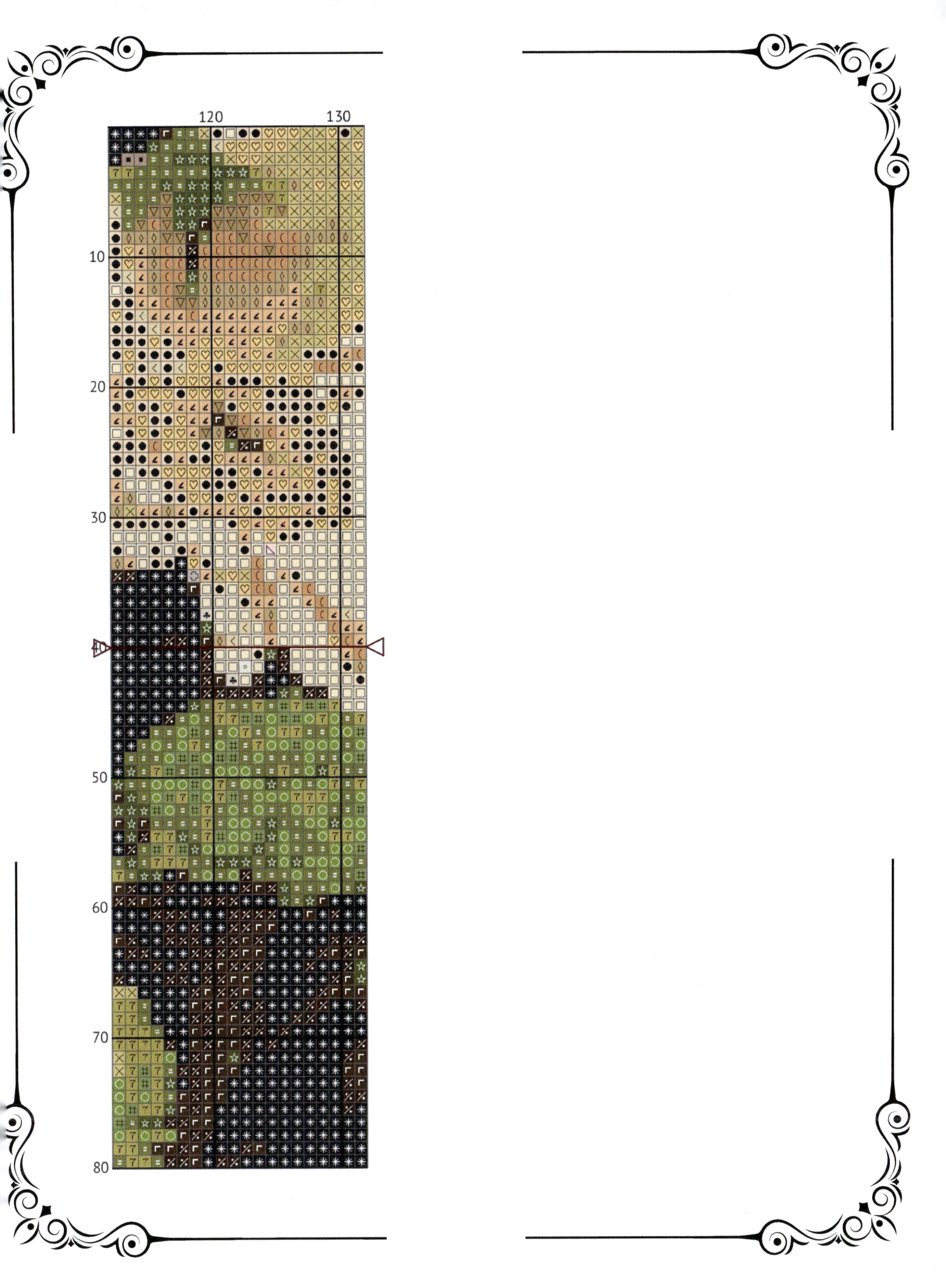

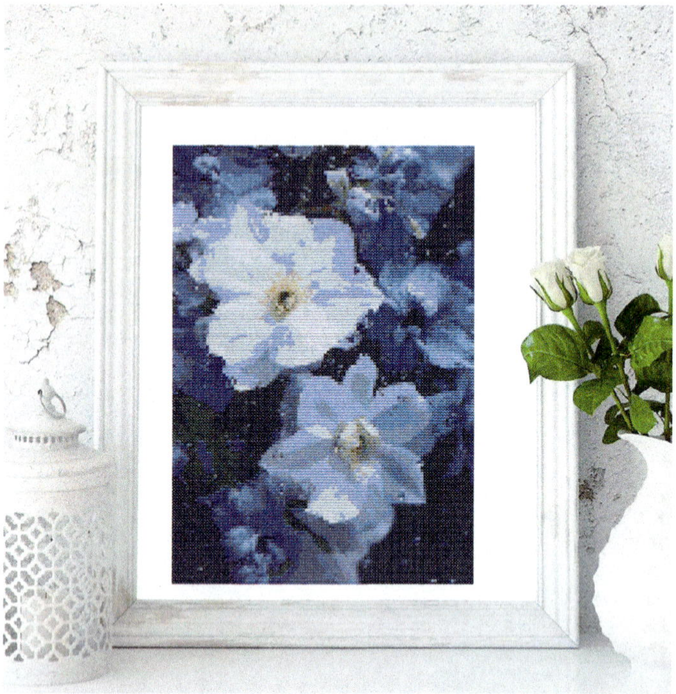
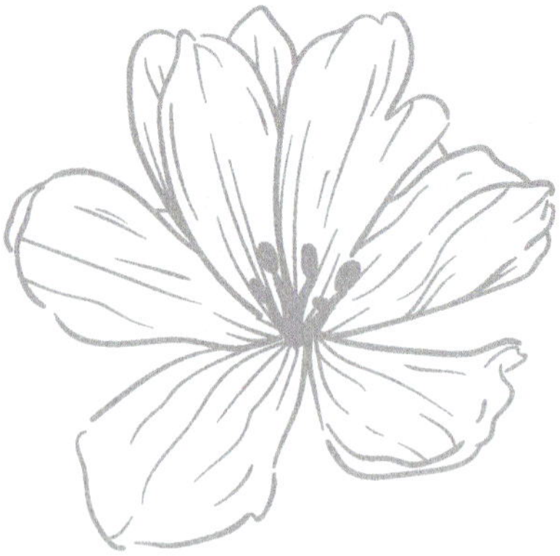
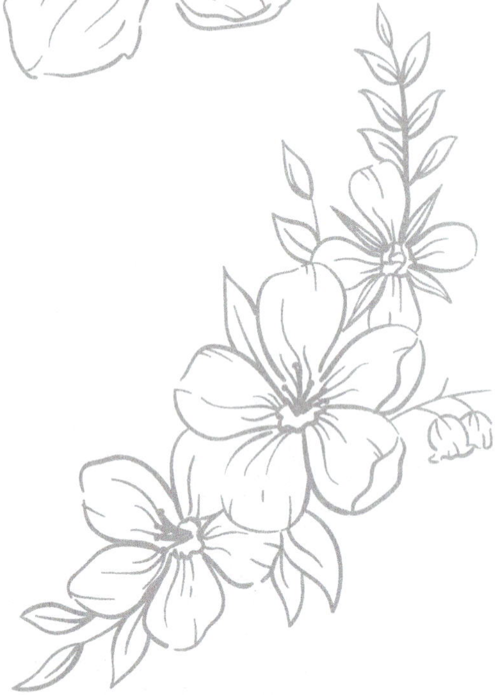

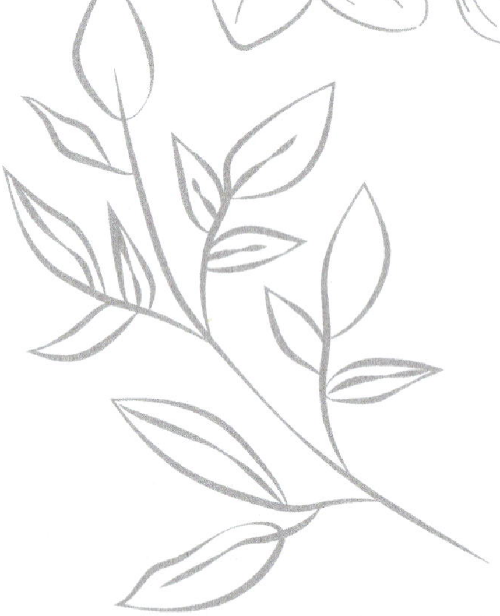
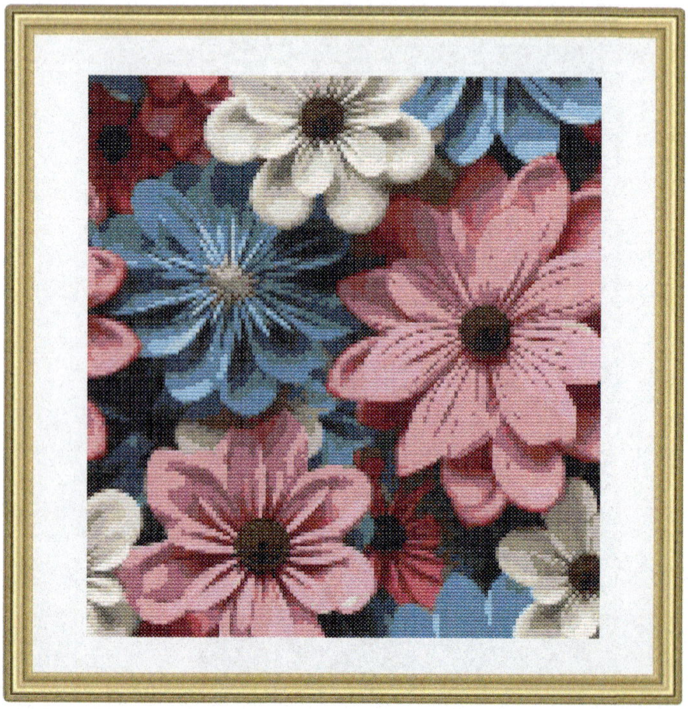

Design size: 158 x 106 stitches

Use 2 strands of thread for cross stitch

| N | Symbol | | Number | Name | Stitches |
|---|---|---|---|---|---|
| 1 | ♥ | ♥ | DMC 17 | Yellow Plum - Light | 340 |
| 2 | ♯ | ♯ | DMC BLANK | White | 2117 |
| 3 | ⌐ | ⌐ | DMC 18 | Yellow Plum | 253 |
| 4 | 7 | 7 | DMC 166 | Moss Green - Medium Light | 357 |
| 5 | > | > | DMC 310 | Black | 97 |
| 6 | ✜ | ✜ | DMC 370 | Mustard - Medium | 275 |
| 7 | ( | ( | DMC 524 | Fern Green - Very Light | 504 |
| 8 | ♡ | ♡ | DMC 640 | Beige Gray - Very Dark | 139 |
| 9 | □ | □ | DMC 644 | Beige Gray - Medium | 279 |
| 10 | ↑ | ↑ | DMC 645 | Beaver Gray - Very Dark | 45 |
| 11 | ■ | ■ | DMC 646 | Beaver Gray - Dark | 135 |
| 12 | S | S | DMC 647 | Beaver Gray - Medium | 157 |
| 13 | = | = | DMC 730 | Olive Green - Very Dark | 647 |
| 14 | ◇ | ◇ | DMC 732 | Olive Green | 722 |
| 15 | ▽ | ▽ | DMC 733 | Olive Green - Medium | 674 |
| 16 | ∴ | ∴ | DMC 762 | Pearl Gray - Very Light | 752 |
| 17 | ○ | ○ | DMC 832 | Golden Olive | 825 |
| 18 | ○ | ○ | DMC 833 | Golden Olive - Light | 655 |
| 19 | × | × | DMC 834 | Golden Olive - Very Light | 654 |
| 20 | m | m | DMC 934 | Avocado Green - Black | 179 |
| 21 | △ | △ | DMC 3013 | Khaki Green - Light | 560 |
| 22 | < | < | DMC 3021 | Brown Gray - Very Dark | 386 |
| 23 | // | // | DMC 3046 | Yellow Beige - Medium | 384 |
| 24 | ✻ | ✻ | DMC 3047 | Yellow Beige - Light | 1206 |
| 25 | ∠ | ∠ | DMC 3072 | Beaver Gray - Very Light | 1201 |
| 26 | ♣ | ♣ | DMC 3371 | Black Brown | 128 |
| 27 | ✠ | ✠ | DMC 3821 | Straw | 65 |
| 28 | ⧗ | ⧗ | DMC 3823 | Yellow - Ultra Pale | 1282 |
| 29 | ● | ● | DMC 3866 | Mocha - Ultra Very Light | 1730 |

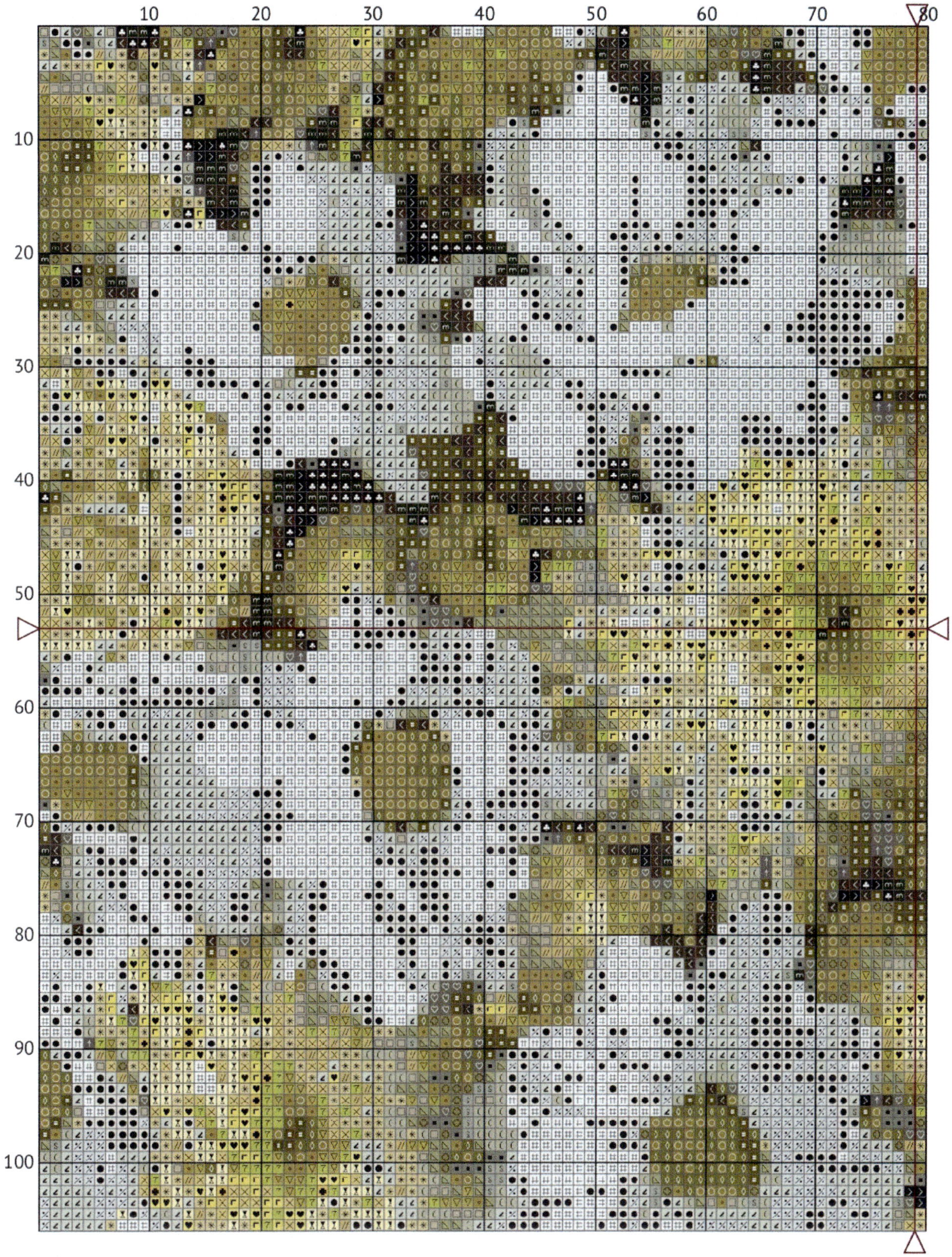
10 20 30 40 50 60 70 80
10 20 30 40 50 60 70 80 90 100

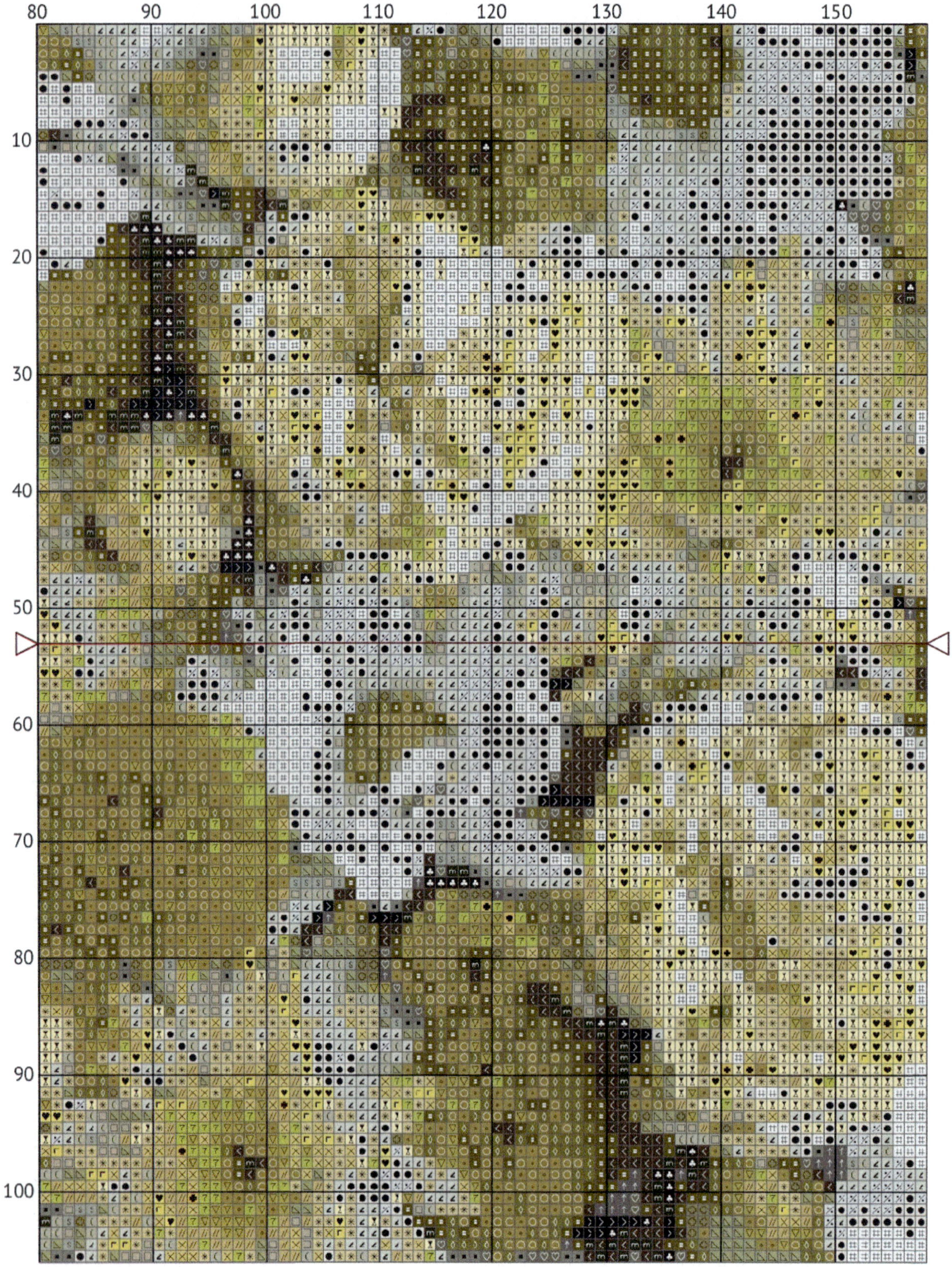
80
90
100
110
120
130
140
150
10
20
30
40
50
60
70
80
90
100

Design size: 166 x 124 stitches

Use 2 strands of thread for cross stitch

| N | Symbol | | Number | Name | Stitches |
|---|---|---|---|---|---|
| 1 | // | // | DMC ECRU | Ecru | 818 |
| 2 | ( | ( | DMC B5200 | Snow White | 694 |
| 3 | ♯ | ♯ | DMC 310 | Black | 1385 |
| 4 | □ | □ | DMC 319 | Pistachio Green - Very Dark | 563 |
| 5 | ◇ | ◇ | DMC 321 | Red | 1404 |
| 6 | = | = | DMC 326 | Rose - Very Dark | 1207 |
| 7 | ○ | ○ | DMC 351 | Coral | 533 |
| 8 | ٪ | ٪ | DMC 355 | Terra Cotta - Dark | 261 |
| 9 | ■ | ■ | DMC 677 | Old Gold - Very Light | 195 |
| 10 | S | S | DMC 746 | Off White | 1235 |
| 11 | ○ | ○ | DMC 772 | Yellow Green - Very Light | 704 |
| 12 | 7 | 7 | DMC 777 | Raspberry - Very Dark | 1343 |
| 13 | < | < | DMC 814 | Garnet - Dark | 2385 |
| 14 | ✳ | ✳ | DMC 816 | Garnet | 1623 |
| 15 | × | × | DMC 817 | Coral Red - Very Dark | 795 |
| 16 | △ | △ | DMC 890 | Pistachio Green - Ultra Dark | 295 |
| 17 | ♥ | ♥ | DMC 902 | Garnet - Very Dark | 132 |
| 18 | ● | ● | DMC 937 | Avocado Green - Medium | 857 |
| 19 | ♡ | ♡ | DMC 987 | Forest Green - Dark | 298 |
| 20 | m | m | DMC 3013 | Khaki Green - Light | 743 |
| 21 | ♣ | ♣ | DMC 3022 | Brown Gray - Medium | 392 |
| 22 | ▽ | ▽ | DMC 3031 | Mocha Brown - Very Dark | 539 |
| 23 | ↑ | ↑ | DMC 3032 | Mocha Brown - Medium | 361 |
| 24 | ✜ | ✜ | DMC 3047 | Yellow Beige - Light | 453 |
| 25 | ☆ | ☆ | DMC 3371 | Black Brown | 863 |
| 26 | ∠ | ∠ | DMC 3815 | Celadon Green - Dark | 65 |
| 27 | ⌛ | ⌛ | DMC 3823 | Yellow - Ultra Pale | 441 |

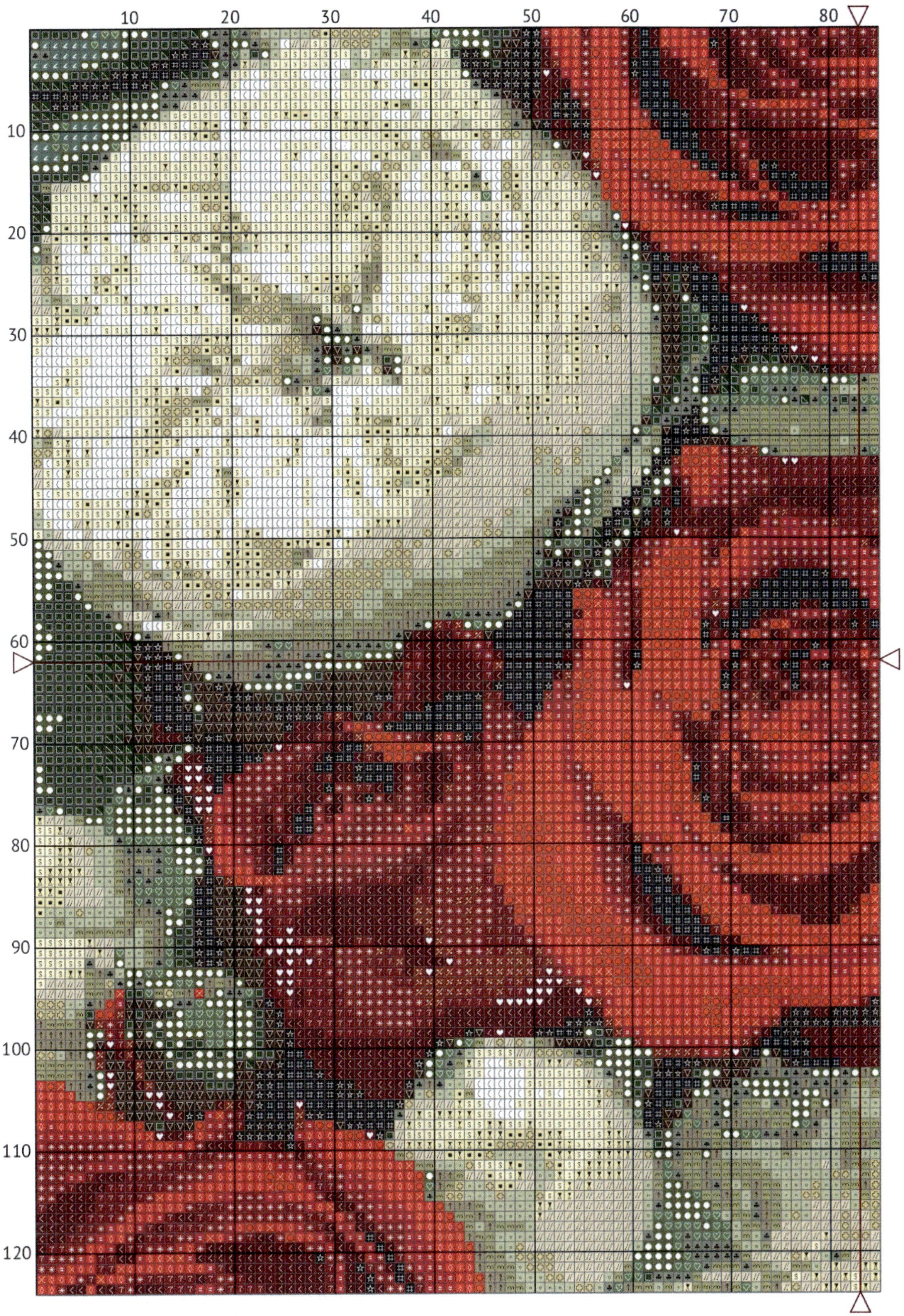
10
20
30
40
50
60
70
80
10
20
30
40
50
60
70
80
90
100
110
120

90
100
110
120
130
140
150
160
10
20
30
40
50
60
70
80
90
100
110
120

Design size: 149 x 168 stitches

Use 2 strands of thread for cross stitch

| N | Symbol | | Number | Name | Stitches |
|---|---|---|---|---|---|
| 1 | = | = | DMC 05 | Driftwood - Light | 999 |
| 2 | ■ | ■ | DMC 07 | Driftwood | 475 |
| 3 | ♥ | ♥ | DMC 151 | Dusty Rose - Very Light | 3538 |
| 4 | ○ | ○ | DMC 310 | Black | 1631 |
| 5 | ✜ | ✜ | DMC 355 | Terra Cotta - Dark | 375 |
| 6 | 7 | 7 | DMC 500 | Blue Green - Very Dark | 896 |
| 7 | □ | □ | DMC 518 | Wedgwood - Light | 560 |
| 8 | ⌐ | ⌐ | DMC 807 | Peacock Blue | 1653 |
| 9 | ♡ | ♡ | DMC 814 | Garnet - Dark | 1059 |
| 10 | ◺ | ◺ | DMC 815 | Garnet - Medium | 872 |
| 11 | ↑ | ↑ | DMC 819 | Baby Pink - Light | 281 |
| 12 | ◊ | ◊ | DMC 822 | Beige Gray - Light | 665 |
| 13 | ♯ | ♯ | DMC 828 | Sky Blue - Ultra Very Light | 99 |
| 14 | ( | ( | DMC 962 | Dusty Rose - Medium | 395 |
| 15 | S | S | DMC 3031 | Mocha Brown - Very Dark | 515 |
| 16 | ▽ | ▽ | DMC 3032 | Mocha Brown - Medium | 661 |
| 17 | ٪ | ٪ | DMC 3350 | Dusty Rose - Ultra Dark | 157 |
| 18 | ⧗ | ⧗ | DMC 3688 | Mauve - Medium | 1803 |
| 19 | ✚ | ✚ | DMC 3689 | Mauve - Light | 1135 |
| 20 | m | m | DMC 3721 | Shell Pink - Dark | 823 |
| 21 | ○ | ○ | DMC 3726 | Antique Mauve - Dark | 1262 |
| 22 | // | // | DMC 3731 | Dusty Rose - Very Dark | 193 |
| 23 | ✳ | ✳ | DMC 3766 | Peacock Blue - Light | 492 |
| 24 | ♣ | ♣ | DMC 3781 | Mocha Brown - Dark | 540 |
| 25 | ☆ | ☆ | DMC 3787 | Brown Gray - Dark | 493 |
| 26 | ∠ | ∠ | DMC 3808 | Turquoise - Ultra Very Dark | 1583 |
| 27 | < | < | DMC 3848 | Teal Green - Medium | 1159 |
| 28 | × | × | DMC 3866 | Mocha - Ultra Very Light | 718 |

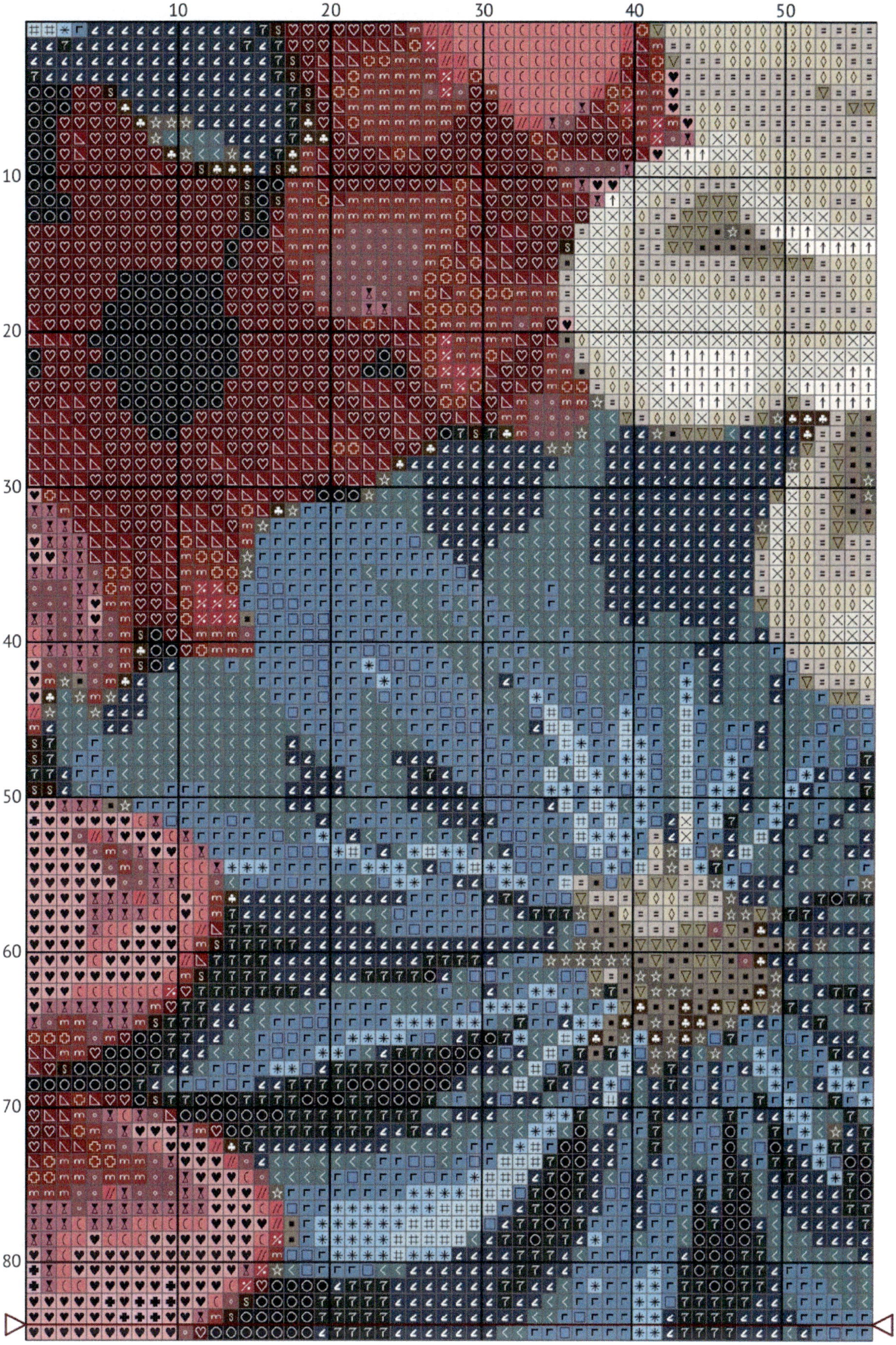
10
20
30
40
50
10
20
30
40
50
60
70
80

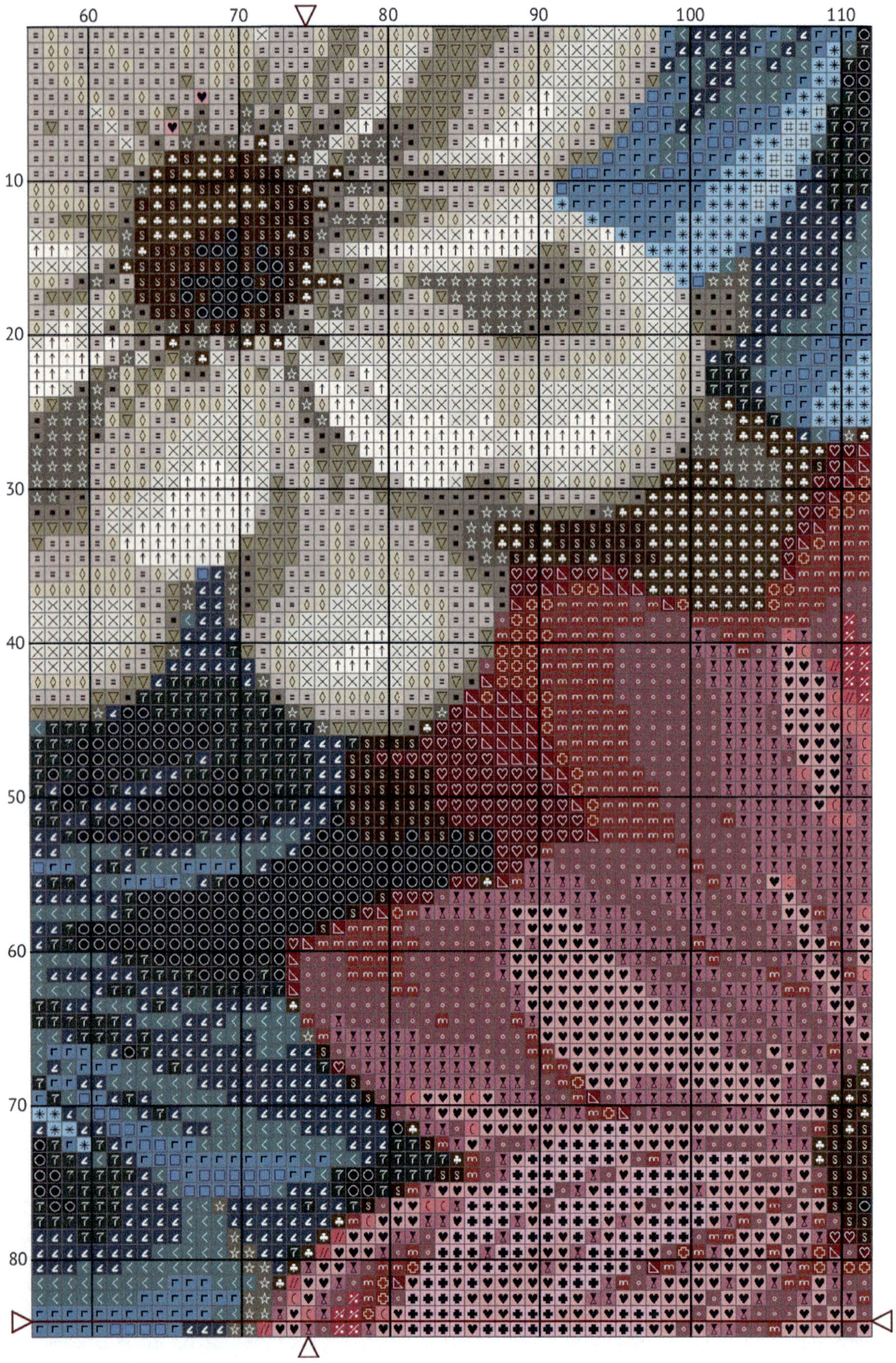
60
70
80
90
100
110
10
20
30
40
50
60
70
80

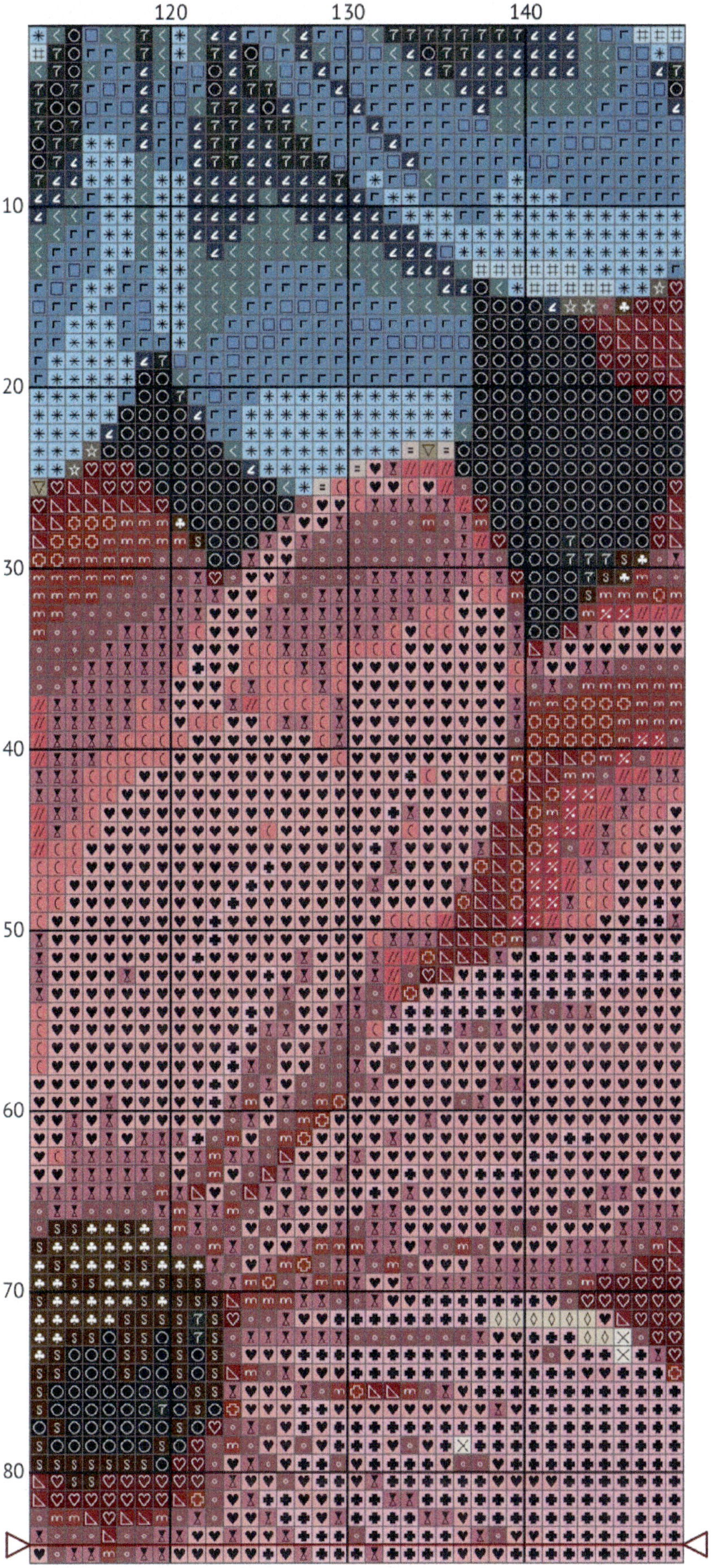
120
130
140
10
20
30
40
50
60
70
80

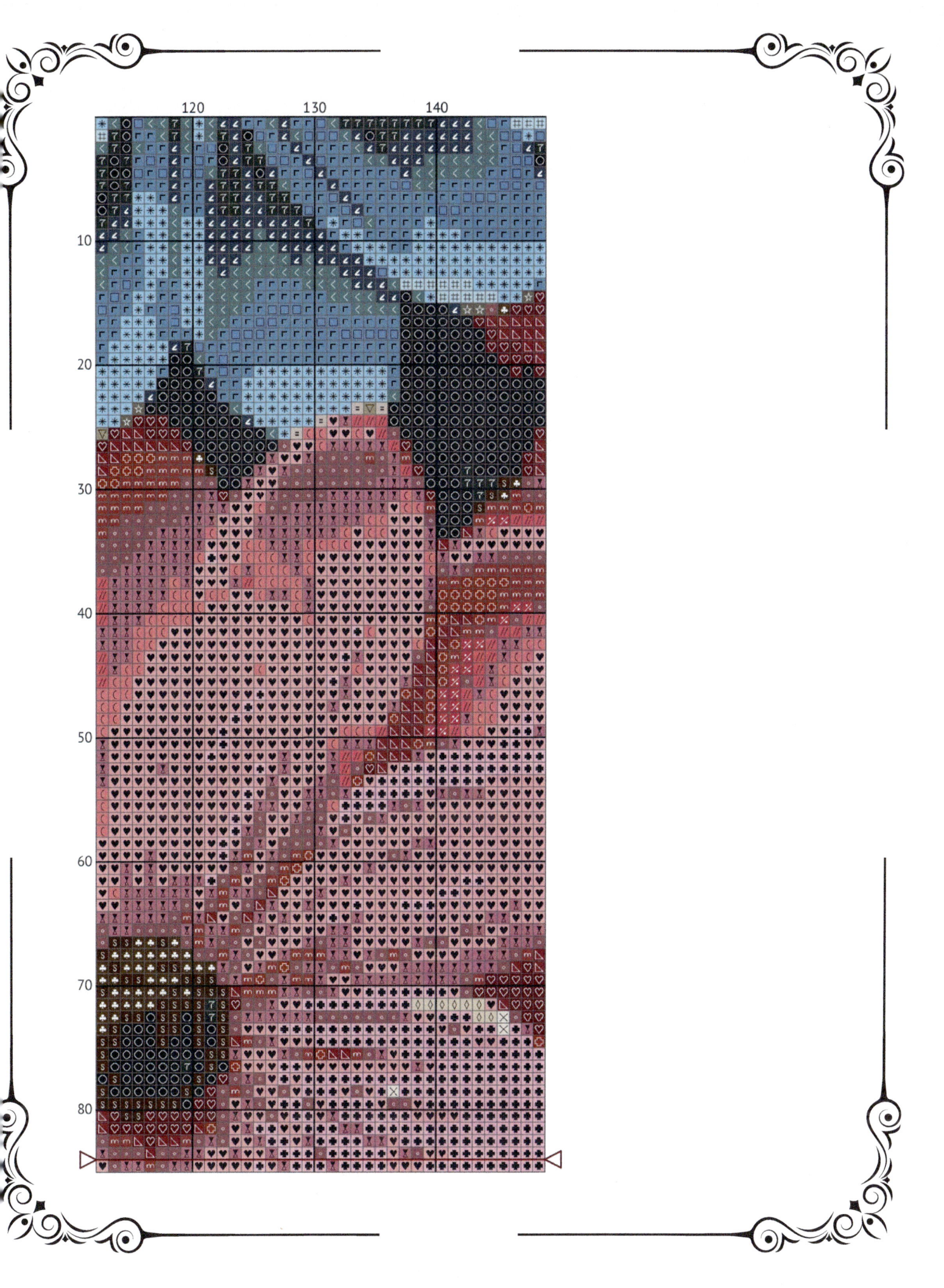

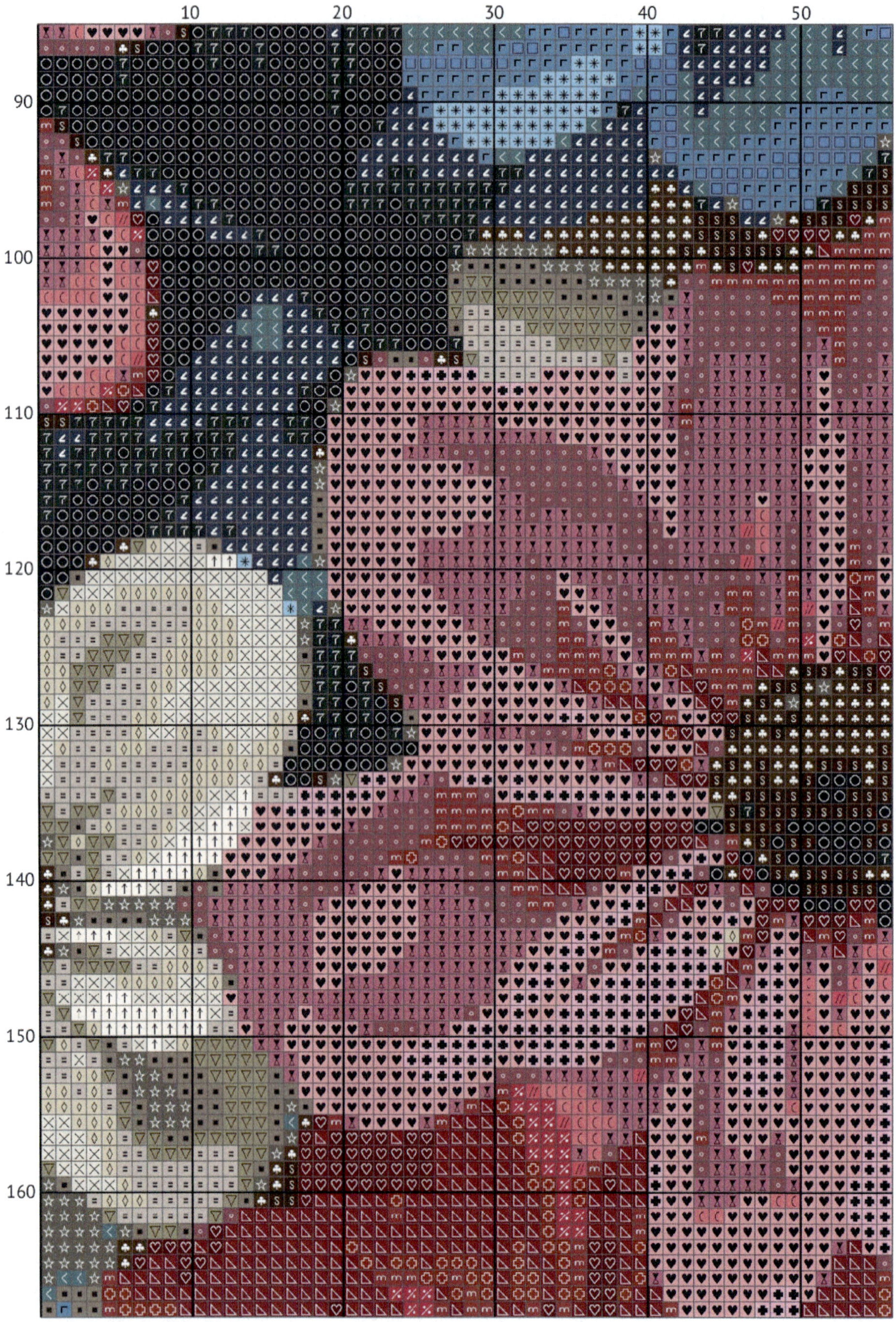
10
20
30
40
50
90
100
110
120
130
140
150
160

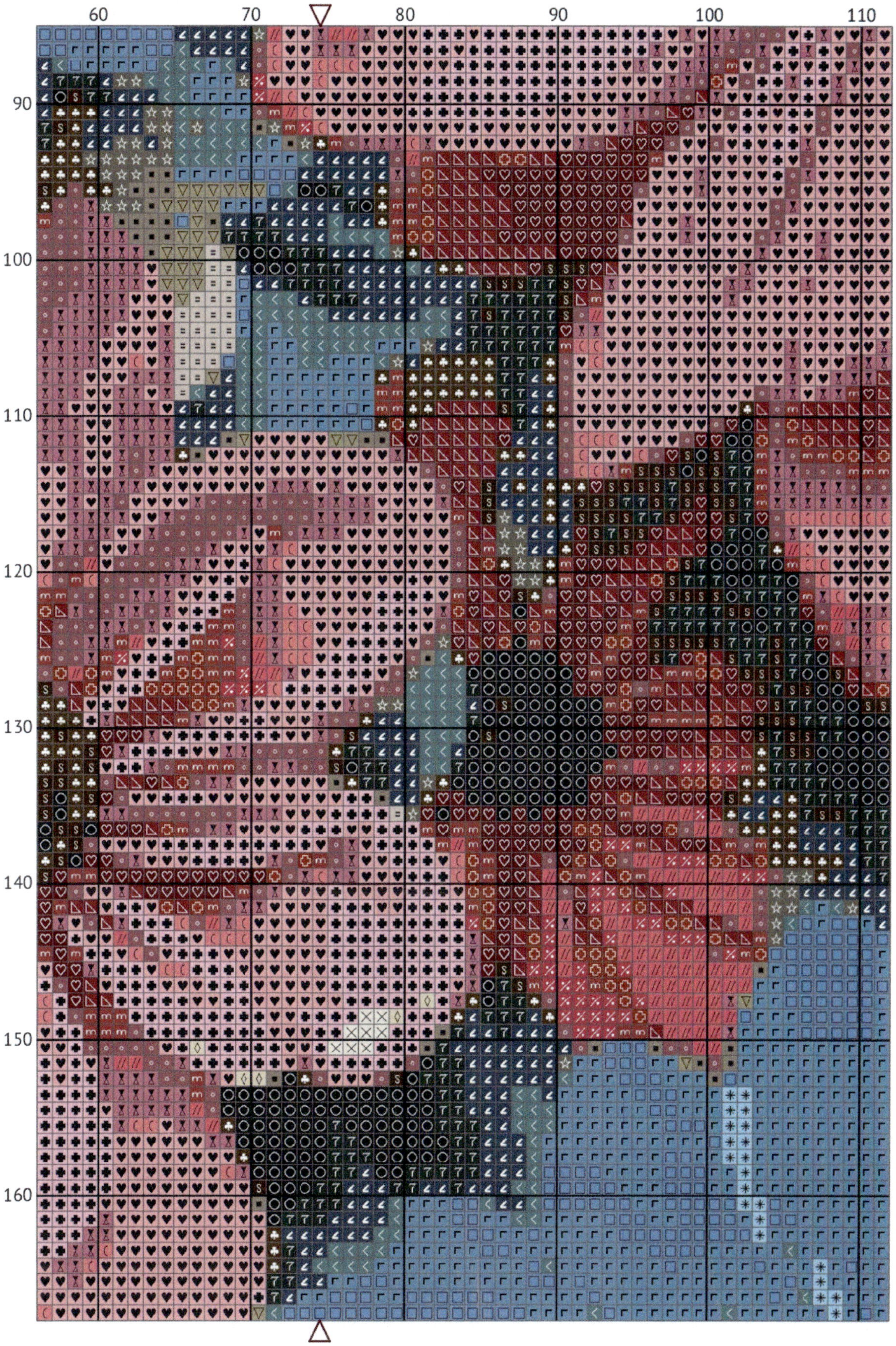
60
70
80
90
100
110
90
100
110
120
130
140
150
160

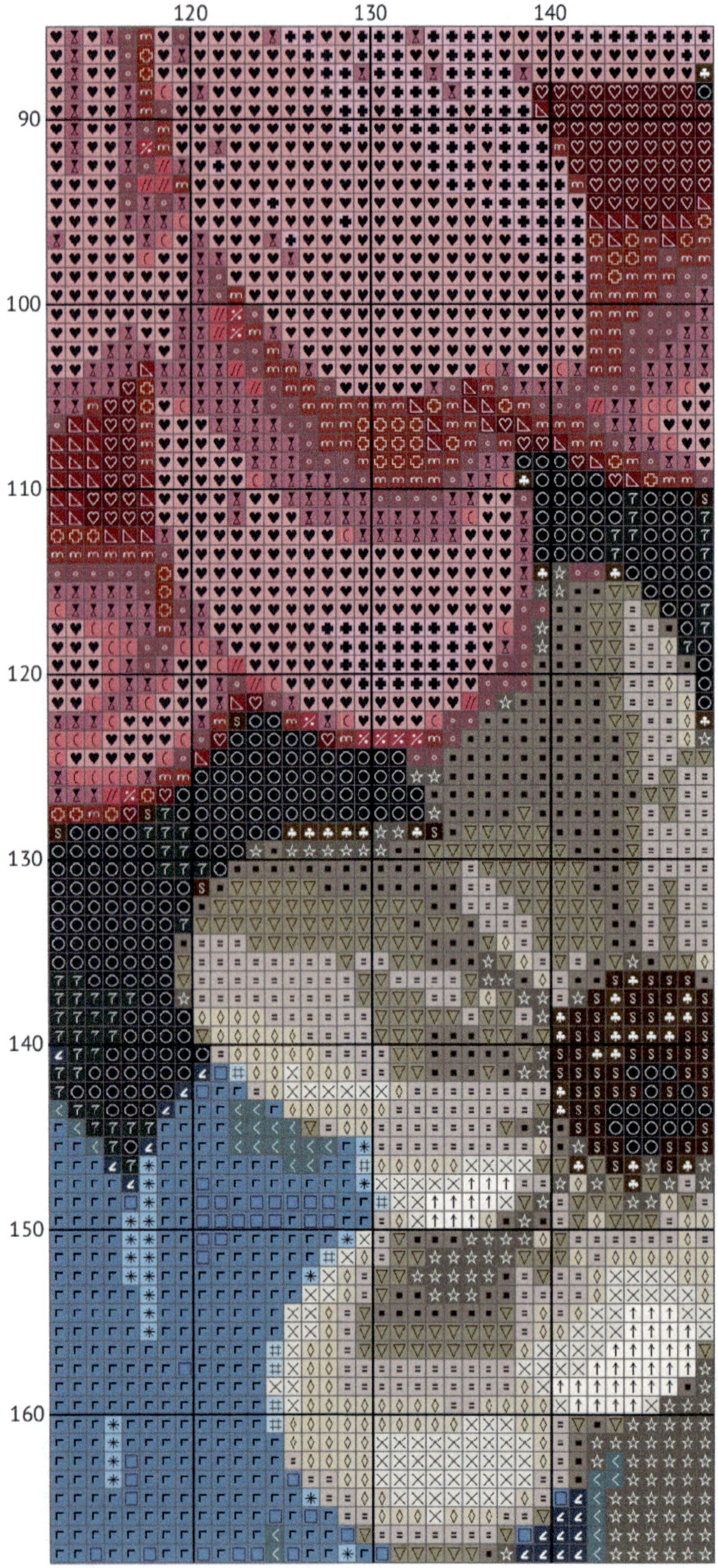
120
130
140
90
100
110
120
130
140
150
160

Design size: 110 x 158 stitches

Use 2 strands of thread for cross stitch

| N | Symbol | | Number | Name | Stitches |
|---|---|---|---|---|---|
| 1 | ( | ( | DMC 05 | Driftwood - Light | 67 |
| 2 | ∵ | ∵ | DMC 27 | Violet - White | 474 |
| 3 | ☆ | ☆ | DMC 157 | Cornflower Blue - Very Light | 1994 |
| 4 | ▽ | ▽ | DMC 160 | Gray Blue - Medium | 204 |
| 5 | = | = | DMC 168 | Pewter - Very Light | 1756 |
| 6 | ♣ | ♣ | DMC 169 | Pewter - Light | 114 |
| 7 | ♯ | ♯ | DMC 310 | Black | 43 |
| 8 | // | // | DMC 370 | Mustard - Medium | 7 |
| 9 | ↑ | ↑ | DMC 372 | Mustard - Light | 8 |
| 10 | m | m | DMC 500 | Blue Green - Very Dark | 644 |
| 11 | ■ | ■ | DMC 518 | Wedgwood - Light | 825 |
| 12 | × | × | DMC 519 | Sky Blue | 480 |
| 13 | < | < | DMC 523 | Fern Green - Light | 37 |
| 14 | > | > | DMC 611 | Drab Brown | 9 |
| 15 | ⧖ | ⧖ | DMC 613 | Drab Brown - Very Light | 70 |
| 16 | 7 | 7 | DMC 647 | Beaver Gray - Medium | 70 |
| 17 | ✚ | ✚ | DMC 730 | Olive Green - Very Dark | 4 |
| 18 | □ | □ | DMC 820 | Royal Blue - Very Dark | 725 |
| 19 | ○ | ○ | DMC 930 | Antique Blue - Dark | 1207 |
| 20 | ♡ | ♡ | DMC 931 | Antique Blue - Medium | 444 |
| 21 | ◇ | ◇ | DMC 932 | Antique Blue - Light | 882 |
| 22 | ∠ | ∠ | DMC 939 | Navy Blue - Very Dark | 3900 |
| 23 | ⌐ | ⌐ | DMC 966 | Baby Green - Medium | 1 |
| 24 | S | S | DMC 3032 | Mocha Brown - Medium | 23 |
| 25 | ♥ | ♥ | DMC 3046 | Yellow Beige - Medium | 7 |
| 26 | ○ | ○ | DMC 3362 | Pine Green - Dark | 28 |
| 27 | ✛ | ✛ | DMC 3760 | Wedgwood - Medium | 1408 |
| 28 | ✳ | ✳ | DMC 3781 | Mocha Brown - Dark | 25 |
| 29 | ● | ● | DMC 3842 | Wedgwood - Very Dark | 1924 |

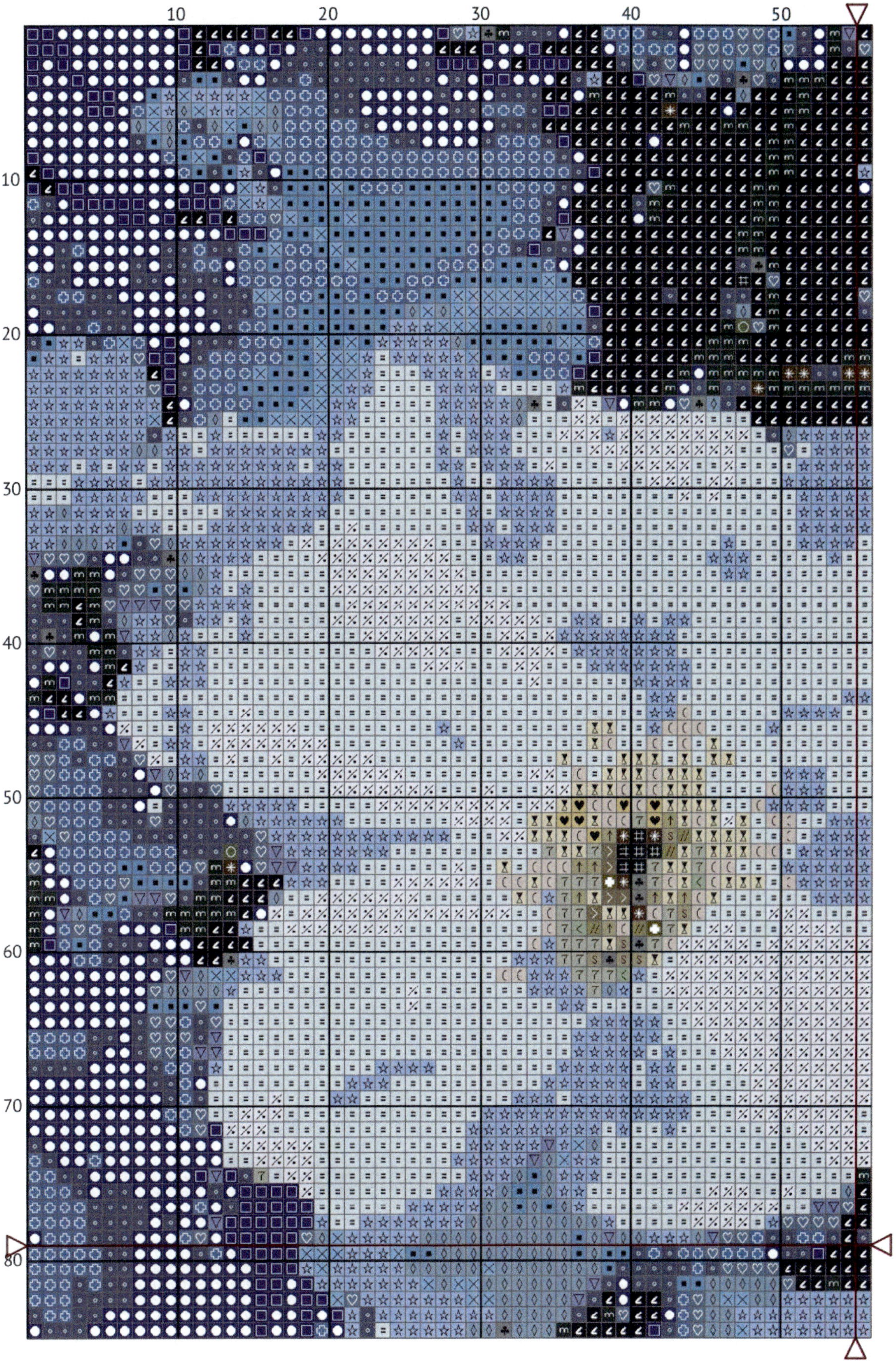
10
20
30
40
50
10
20
30
40
50
60
70
80

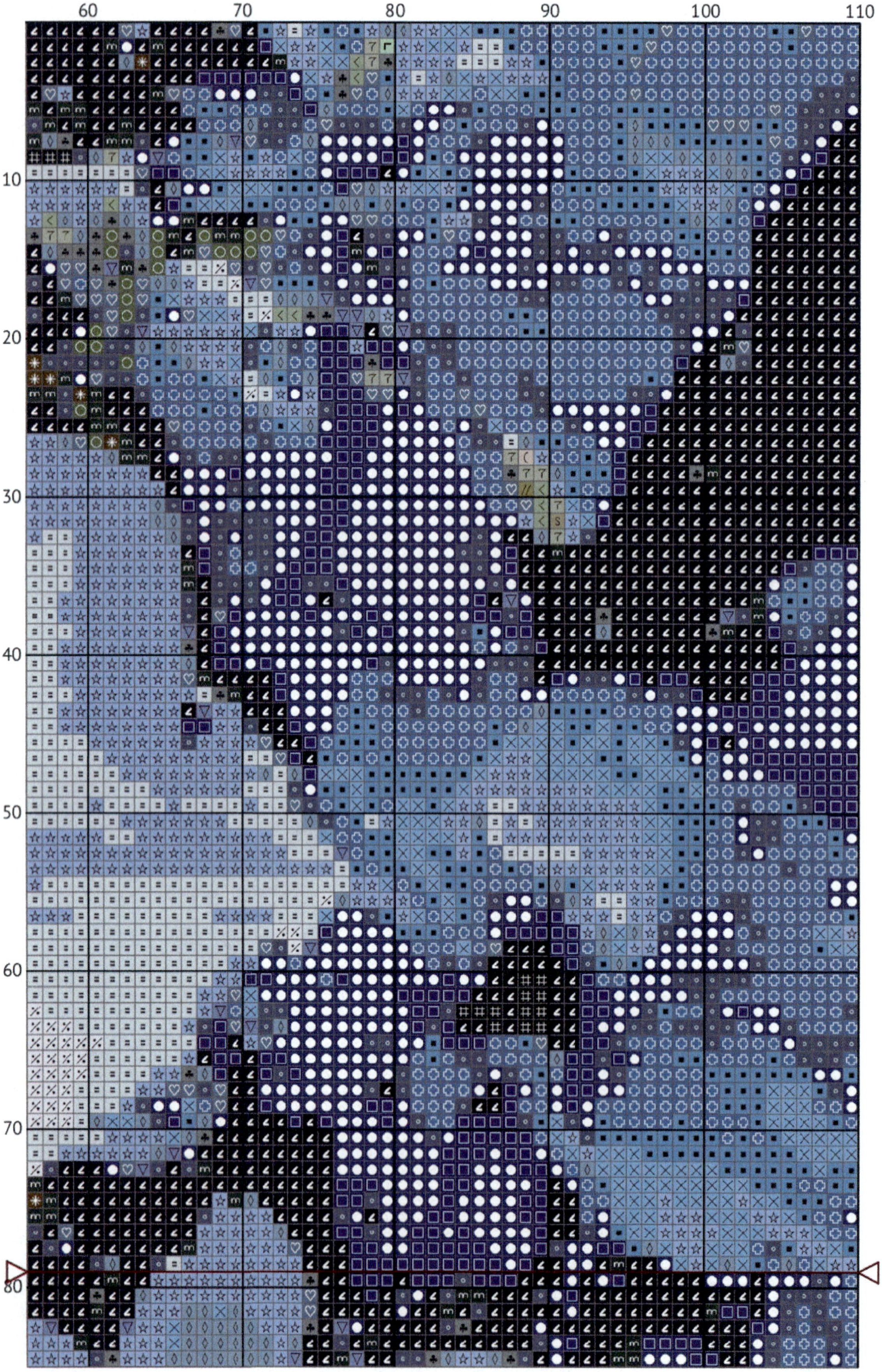
60
70
80
90
100
110
10
20
30
40
50
60
70
80

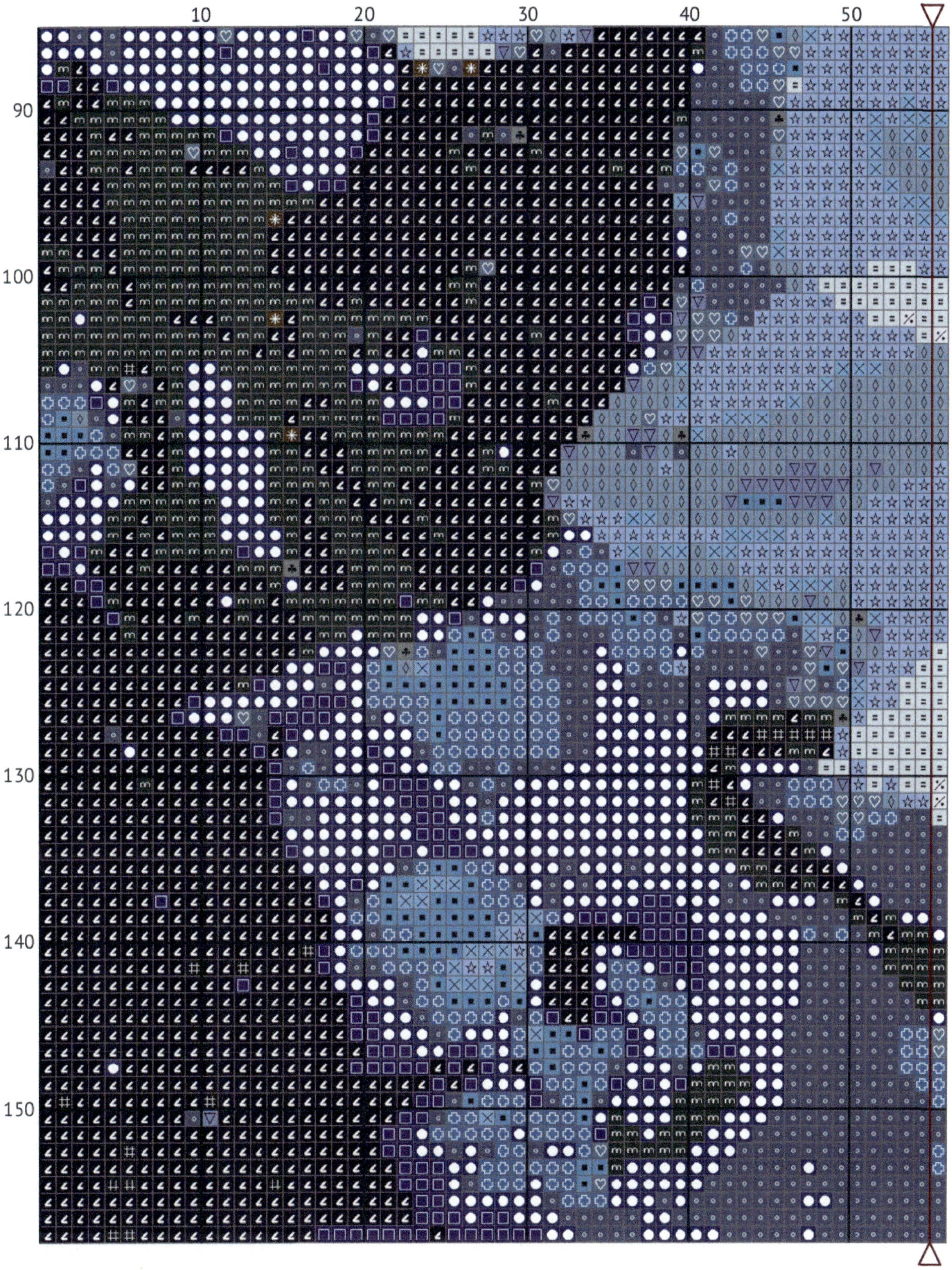
10
20
30
40
50
90
100
110
120
130
140
150

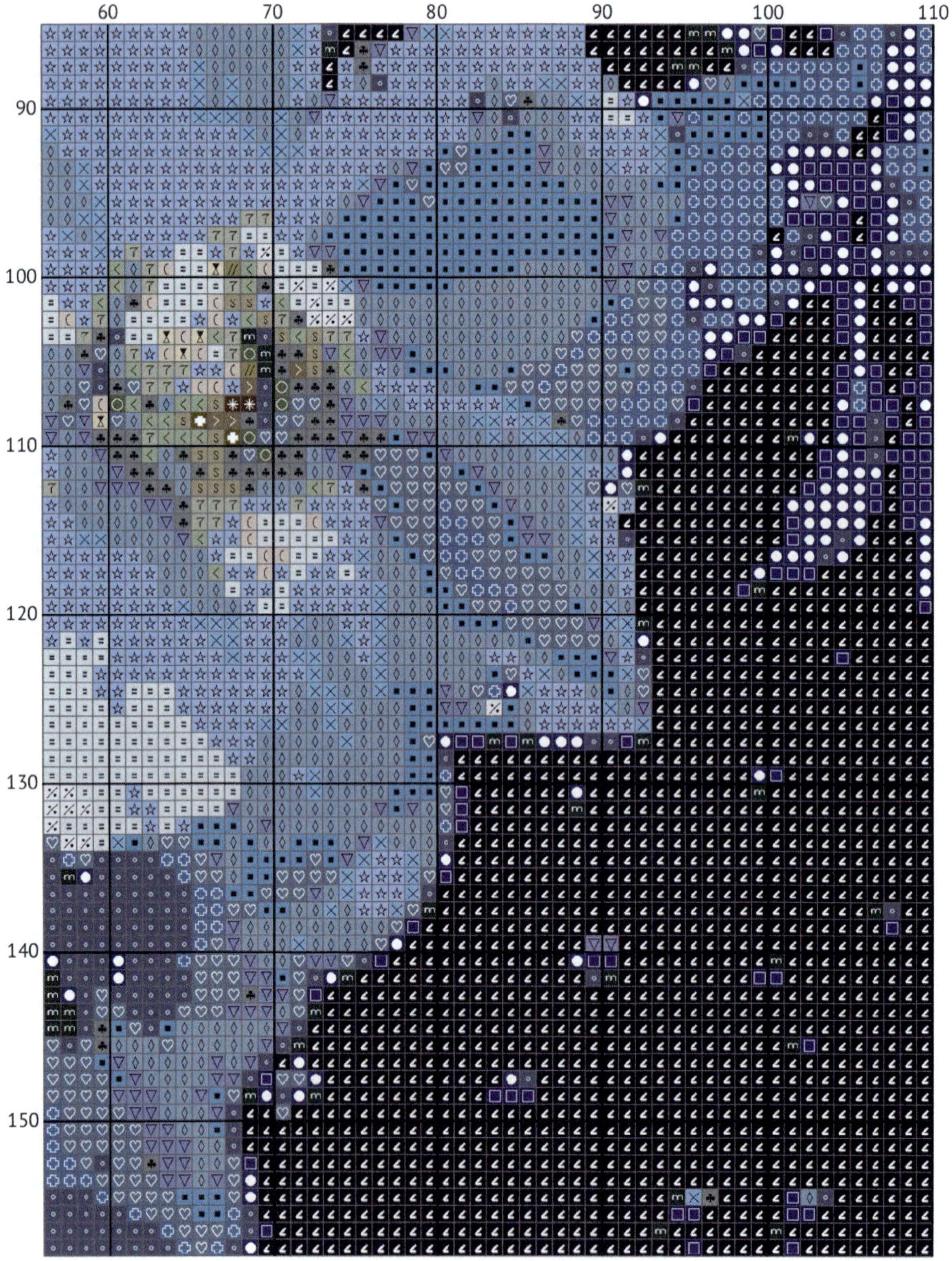

60
70
80
90
100
110
90
100
110
120
130
140
150

Design size: 107 x 154 stitches

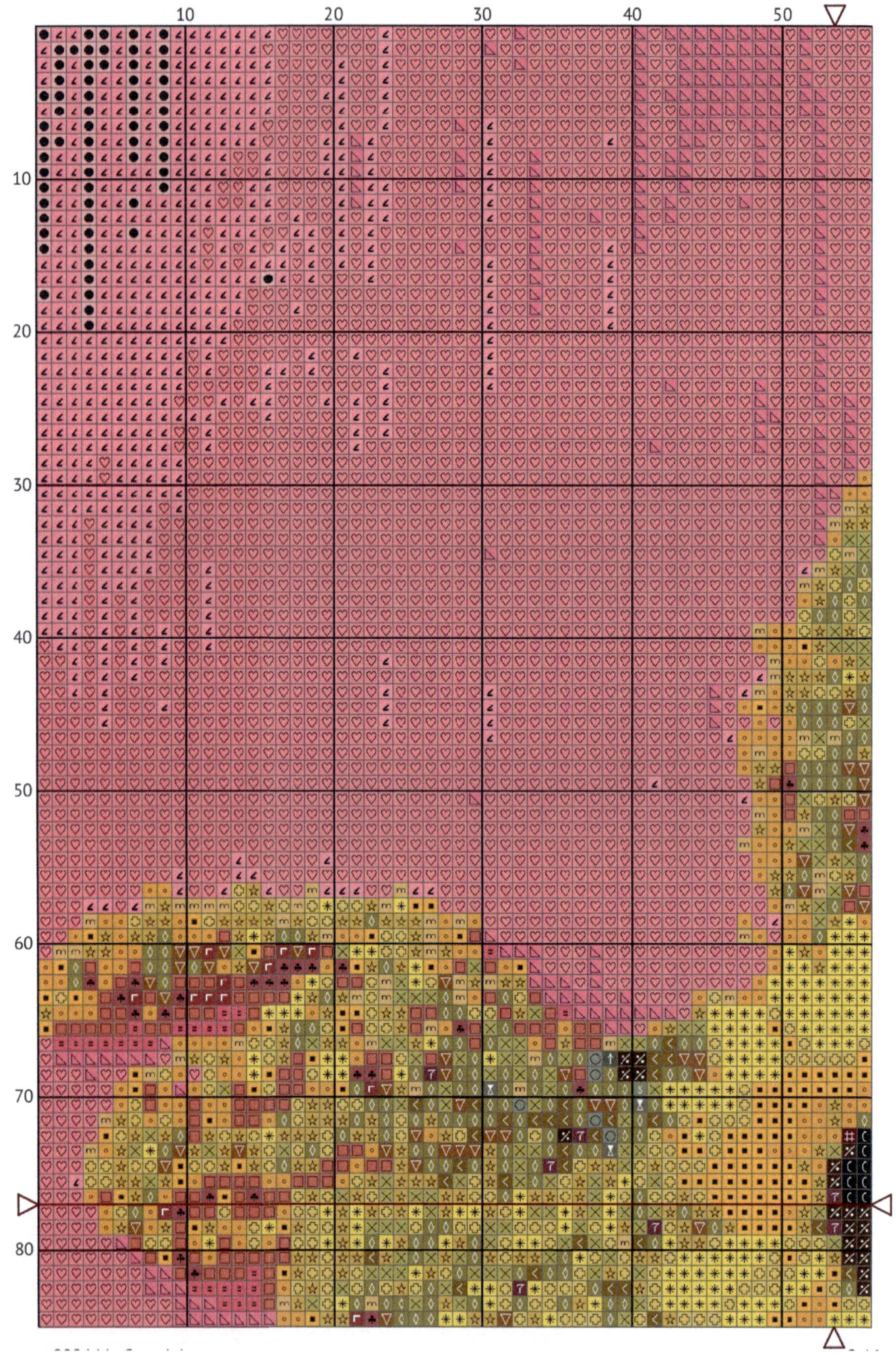

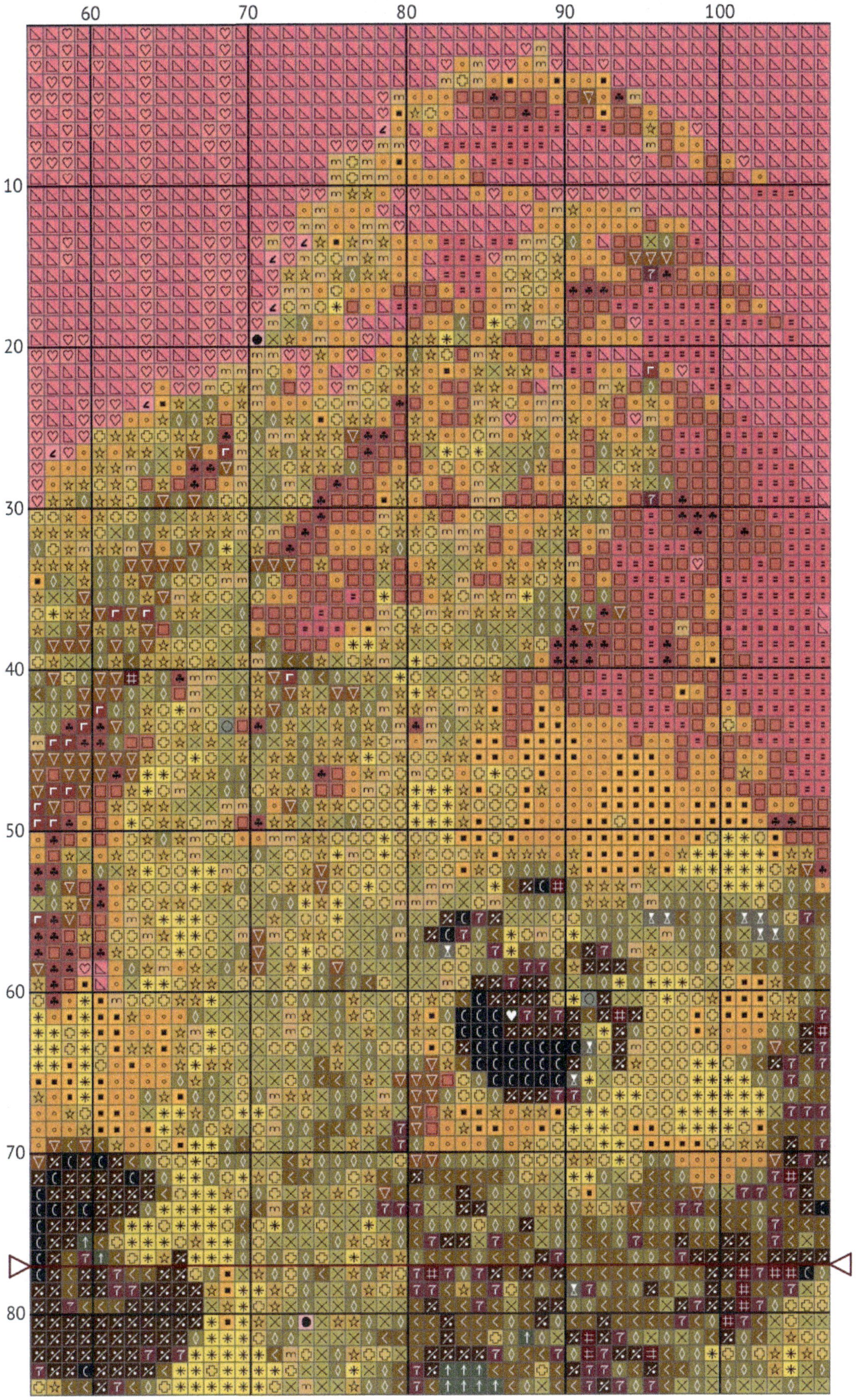
60
70
80
90
100
10
20
30
40
50
60
70
80

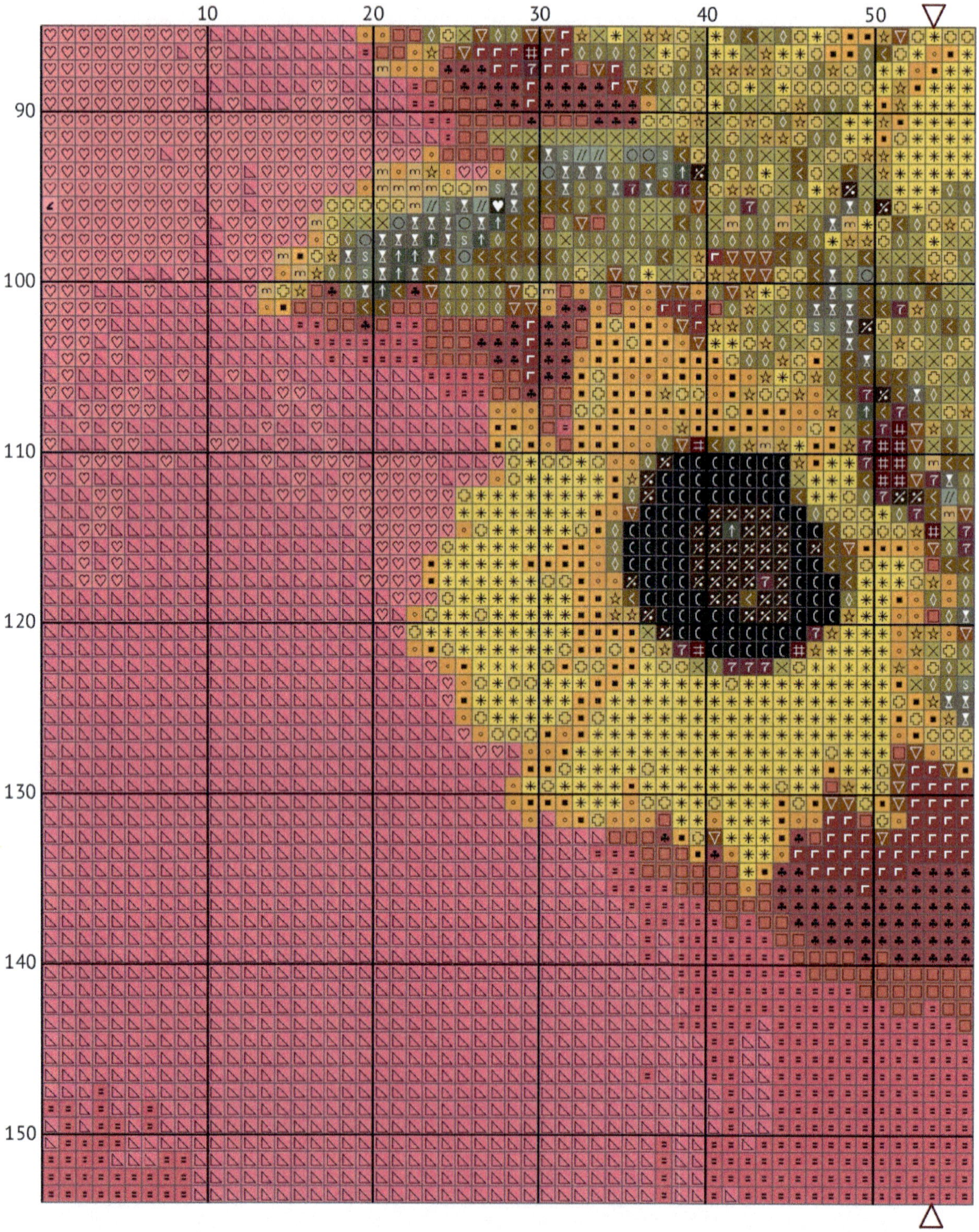
10
20
30
40
50
90
100
110
120
130
140
150

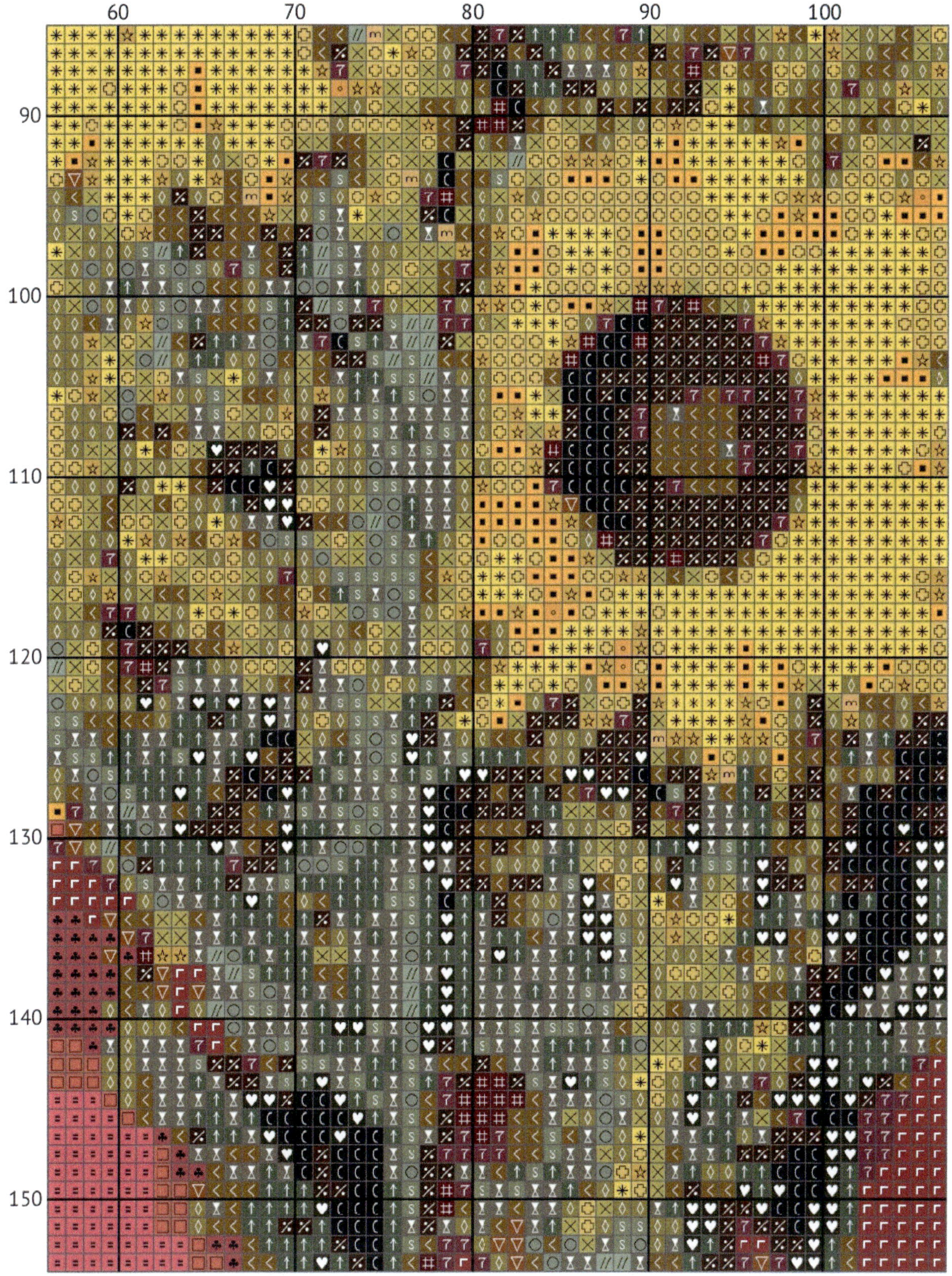
60
70
80
90
100
90
100
110
120
130
140
150

Printed in Great Britain
by Amazon